# 융합형 리더

—디지털 트랜스포메이션 시대, 차세대 리더

# 융합형 리더

## -디지털트랜스포메이션 시대, 차세대 리더

이민우 · 크루엘라 · 김용승 지음

율곡출판사

# 추천의 글

추상적인 관념을 가시화하는 것만큼 어려운 작업은 없다. LKK 모델은 복잡하게 얽혀 있던 비즈니스와 기술 간의 관계를 명확하게 구성함과 동시에, 미래 지향적인 성격까지 갖추고 있다. 머지않아 LKK 모델은 디지털 시대를 맞이한 기업들의 표준이 될 것이다.

—**김남식**(SK C&C 금융사업본부 본부장)

『융합형 리더』는 현존하는 리더십 도서 중 가장 앞서 있다. 세 저자의 고뇌와 통찰이 걸작을 탄생시켰다. 현재로서 가장 진보적이면서, 미래에는 디지털 리더들의 표준이 될 만한 도서이다.

—**김환용**(사단법인 서울경제인협회 회장)

디지털 트랜스포메이션과 융합은 더 이상 특정한 분야에서 다루어지는 용어나 일이 아니다. 조직이나 비즈니스는 물론, 리더십 측면에 있어서도 간과할 수 없는 중요한 역량으로 자리매김하고 있다. 이런 점에서 볼 때 『융합형 리더』는 동시대를 살아가는 이들이 갖추어야 할 것과 필요로 하는 것을 적시에 제대로 제시하고 있으며 독자들을 시대가 요구하는 융합형 리더로 성장할 수 있도록 안내해 줄 수 있을 것이다.

**—김희봉**(박사, 대한리더십학회 상임이사)

4차 산업혁명과 Digital Transformation(DT). 어떤 사람은 지겹게 듣는 단어지만 어떤 사람에게는 생소한 단어일 것이다. 기업에서 현업에 Digital을 적용하는 사람 중 한 명으로서 업무 중 어렴풋하게 잡혔던 인사이트를 명확하고 친절하게 작성해 놓은 책이다. 처음부터 만났으면 좀 더 쉬웠으련만……. 현장에서 기업 DT를 고민하는 분들께 이 책을 강력히 추천한다.

**—나두환**(SK매직 DX기획팀 매니저)

지극히 현실적인 비판으로 비현실적인 결과를 창출한 도서. 혁신적이고 진보적인 개념을 굉장히 논리적이고 체계적으로 풀어냈다. 변혁적인 개념과 탄탄한 근거로 구성된 이 시대 최고의 리더십 도서이다.

**—방미연**(네이버 HR 책임리더)

BIZ와 TECH를 물과 기름처럼 양극화하여 생각해 온 우리들의 모습을 반성하게 한다. 비즈니스가 없는 기술과 기술이 없는 비즈니스는 상상하기 어려운데 말이다. 당연함 속에서 의문을 갖고 혁신적인 리더상을 개척했다. **—서창원**(KT 기업솔루션본부 DX혁신팀 팀장)

시대를 앞서가는 내용을 다루고 있음에도 굉장히 친절하다. 구성은 체계적이고, 설명은 겸손하며, 내용은 강력하다. 누구나 쉽게 이해할 수 있는 디지털 시대의 필독서이다. 막연하게 디지털 트랜스포메이션을 이해하고 있던 기업 리더들뿐만 아니라 모든 이에게 이 책은 바이블이라고 말할 정도로 정의부터 성공을 위한 아키텍처 설계까지 많은 내용들을 깊이 있게 다루고 있어 권장할 만하다.

**—손진호**((현) 엔젤로보틱스 CTO (전) LG전자 미래IT융합 & 로봇선행연구소 소장/상무)

디지털 트랜스포메이션 시대의 리더십 바이블이다. 기존의 리더십에 대한 틀을 깨고 새로운 분야의 리더상을 제시했다. 다가올 미래에는 융합형 리더(Convergence Leader)가 세상을 주도할 것이다.

—**유규창**(한양대학교 경영대학 학장)

디지털 사회에서 범할 수 있는 위험을 정확히 짚어냈다. 매끈한 전개 속에 현실에 대한 날카로운 지적이 담겨 있다. 새로운 사회의 리더상을 제시하면서 우리들을 스스로 되돌아보게 한다.

—**홍성표**(한국투자증권 IT전략기획본부 부장)

# 들어가는 글

> "한쪽 극에는 문학적 지식인이, 다른 한쪽 극에는 과학자, 그중에서도 가장 대표적인 인물인 물리학자가 있다. 고등교육을 받았다고 여기는 사람들 모임에서 과학자들의 무식함을 비난하는 성토가 이루어지자 과학자는 참지 못하고 상대방 진영에게 열역학 제2법칙을 설명할 수 있냐고 물었다. 반응은 싸늘하고 부정적이었다. 무슨 그런 걸 묻냐는 반응. 과학자 생각에는 '셰익스피어 작품을 읽었냐'는 기초적 수준의 질문을 한 것인데 말이다."

2차 세계대전 이후 서방세계 대중에게 영향을 준 책 100권 중 하나로 뽑히는 책, 『두 문화』 중 일부분이다. 20세기 후반 과학과 인문학의 의사소통 단절이 세계 단위 거시적 문제를 해결하는 데 큰 걸림돌이라고 생각한 영국 과학자 겸 소설가 찰스 퍼시 스노우가 강의한 내용을 모아 출판한 책이다.

우리나라에서도 이런 맥락은 그대로 이어진다. 다음은 고등학교 국어 선생님이 수업 중 비가 오는 상황에서 아이들에게 질문을 했다. 그리고 답변은 반에 따라 다음과 같이 극명하게 나뉘었다.

선생님 : 얘들아 비가 오네. 비가 오면 어떤 기분이 드니?

A반 : 우울해요. 빗소리는 듣기 좋아요. 옛 남자친구가 생각나요.
발라드를 듣고 싶어요.

B반 : 습도가 높아요. 어두워지니 불을 켜야겠어요.

눈치 빠른 독자는 벌써 A반이 문과, B반이 이과인 것을 알아차렸을 것이다. 문과와 이과를 구별하는 방법으로 인터넷에 떠도는 농담 중 하나는 '정의'를 물어보면 문과는 'Justice', 이과는 'Definition'으로 대답한다는 것이다. 이렇게 같은 질문에도 극명하게 나뉘는 반응을 통해 우리는 문과와 이과를 기름과 물처럼 다른 존재로 구분했다. 하지만 이런 문 · 이과 구분은 일제강점기에 '일본식 고등학교 제도'라는 유물을 물려받은 것으로 두 가지를 구분하는 것이 올바른 방향성이 아니라는 의견은 꾸준히 제기되어 왔다.

이는 4차 산업혁명과 COVID-19 환경에서 더 극대화된다. 해당 환경 내 산업 · 학술 · 연구 · 국가기관에서 공통 화두가 된 디지털 트랜스포메이션(Digital Transformation)은 'ICT 기반 핵심 기술과 신기술을 통한 핵심 사업 효율화 및 신사업 개발의 지속 프로세스'로 정의된다. 이는 기술을 아는 '이과'와 사업을 아는 '문과'가 '지속적으로 협업' 해야 함을 표현하며, 함께 일하는 수준이 아닌 둘 모두에 대해 아는 '융합형' 인재가 필요하다는 맥락이 담겨 있는 것이다.

사실 지금까지 여러 산업에서 융합형 인재의 필요성이 꾸준하게 언급되어 왔다. 스티브 잡스는 산업에서의 인문학과 기술 융합을 외쳤었고, 학계에서는 인문학과 기술을 기반으로 한 융합학과를 지속적으로 만들어 왔다.

기술과 인문, 사회와 산업에서는 이 두 분야 사이의 '선'을 넘는 사람을 인재로 대우해 왔다. 제조업에서는 공정이 a-b-c-d 순으로 진행될 때, b를 담당하는 사람들 중에 a, c 프로세스 담당자와 소통하며 일하는 사람을 리더로 뽑기 원했다. 영업과 R&D 부서는 항상 앙숙이지만, 기술을 이해하는 영업 담당자 또는 영업을 알고 있는 기술자를 '기술 영업'으로 우대해 왔다. 국가에서 3년에 한 번씩 순환보직을 하는 것도 부패를 염려하기보다는 여러 분야를 종합적으로 다루는 종합형 리더를 키우기 위함이었다.

이렇게 우리가 인지를 못했을 뿐, 우리는 늘 선을 넘는 융합형 인재를 선호해 왔고 융합형 인재를 키워 왔다. 그런데 이제 그 활동이 더 강화되어야 한다. Technology(기술)와 Business(비즈니스)가 얼기설기 엮여 있는 디지털 트랜스포메이션(Digital Transformation) 시대를 헤쳐나가기 위해서는 두 분야를 함께 알고 융합하는 전문가가 필요하다. 그들만이 살아 남을 수 있기 때문이다. 지금 당장은 그런 전문가가 부족하므로 두 분야의 전문가가 협력해서 일하는 것이 최선이다.

이제 "이 분야는 내 업무가 아니다"라고 말하는 순간 당신은 뒤처지기 시작했다고 할 수 있다. 벌써 코딩 의무교육을 통해 알고리즘 기반 '컴퓨팅 사고력'을 가진 '도메인(이 책에서는 해당 산업 분야에서 활동하기 위해 알고 있어야 하는 업무, 재무, 비즈니스 기술을 말함) 전문가'들이 육성되고 있기 때문이다. 그들이 사회에 나오기까지 걸리는 시간은 짧으면 5년, 길면 10년이다. 그 안에 변화하지 않으면 당신은 '선'을 넘는 융합형 인재들(Convergence Leaders)에게 당신의 자리를 빼앗길 것이다. 그러나 자기 스스로 융합형 리더로 변하게 되면 능률적이고 효율적인 시너지 효과가 나타나 함께 일하는 사람(팀원) 또는 조직으로 확장되고, 궁극적으로는 자신을 둘러싼 세계로 확대될 것이다.

# 차 례

## Part 3 성공적인 디지털 트랜스포메이션과 목표 달성을 위한 LKK 모델



## Part 4 디지털 트랜스포메이션 시대의 비즈니스는 알고리즘이 지배한다

# 디지털 트랜스포메이션이 진행되며 융합형 리더가 나타난다

1. 도대체 무엇(What)이 디지털 트랜스포메이션인가?
2. 언제(When) 디지털 트랜스포메이션이 시작되는가?
3. 어디서(Where) 디지털 트랜스포메이션이 일어나는가?
4. 어떻게(How) 디지털 트랜스포메이션을 실행해야 하는가?
5. 결국 누가(Who) 디지털 트랜스포메이션 리더가 될 것인가?

Part 1

# 1. 도대체 무엇(What)이 디지털 트랜스포메이션인가?

## 1.1 스마트 팜에 따른 디지털 트랜스포메이션 인지

### 1) 언제까지 은퇴 후 치킨 프랜차이즈만 생각할 것인가?

뜬금없지만 매력적인 은퇴 아이템 정보를 드리겠다. 바로 메트로팜(Metro Farm)이다. 직역하면 '지하철(Metro) + 농장(Farm)'이 된다. '지하철'과 '농장'이 왜? 라고 생각하겠지만 이미 서울 중심가를 비롯한 여러 곳에 있다면 생각이 바뀔까? 이미 스마트팜 전문회사 '팜에이트'라는 곳에서 만든 '메트로팜(지하철 농장)'이 여의도섬 옆 7호선 상도역을 포함한 서울 중심 역 내 설치되어 그것도 '아주 잘' 운영되고

출처 : 팜에이트(http://www.farm8.co.kr/)

▲ 메트로팜 상도역점 전경

있다. 메트로팜은 여러분들이 한 번쯤은 들어봄 직한 스마트팜(Smart farm)으로 시작해, 시간이 지나는 동안 변화를 거치며 점점 더 발전해 우리 곁으로 다가왔다. 초창기 스마트팜은 유통 및 소비자를 좇아 도시로 찾아와 2.0 version인 도시농장(City-farm)을 거쳤고, 지하철역 내 빈 공간을 활용하고자 하는 공공기관 니즈(Needs)와 소비자에게 다가가려는 스마트팜 회사 니즈가 만나 지하철 농장이 되어 우리 곁으로 다가왔다. 스마트팜의 3.0 version인 지하철 농장은 요즘 우후죽순으로 생기는 회사 홍보 및 마케팅 목적의 '팝업스토어'와는 조금 다르다. 지하철 농장은 카페나 치킨집처럼 수익을 만들 수 있는 비즈니스 모델을 가지고 있다.

좀 더 상세히 설명하면 다음과 같다. 스마트팜은 과거 노지(露地)에서 기르던 동물 및 농작물을 공장으로 가져온 새로운 비즈니스 모델이다. 외부 환경에 영향을 받지 않기에 남극과 같은 극한의 환경에서 안정적인 수확량을 확보할 수 있고, 미세먼지나 바이러스 같은 위

출처 : 팜에이트(http://www.farm8.co.kr/)

▲ 메트로팜 내 무균실에서 자라는 채소

험 요소가 차단된 공간에서 안전한 식품을 얻을 수 있다. 그뿐만 아니라 LED 조명과 비료를 통해 적층식으로 작물을 기르기에 좁은 공간에서 많은 양의 작물을 기를 수 있다. 과거에는 상추 정도를 기를 수 있는 정도였지만 현재는 기술이 향상되어 비싼 외국 작물을 주로 기르고 있다. 최근에는 허브, 꽃, 딸기, 인삼까지 기를 수 있는 기술력이 확보되어 머지않아 실제로 스마트팜에서도 이런 작물들이 생산되는 것을 볼 수 있을 것이다

이 정도에 놀라면 안 된다. 요즘 스마트팜에서는 작물을 기르는 방법을 '작농법'이라고 부르지 않고 '레시피(Recipe)'라고 부르는 경지에 이르렀다. 요리할 때 조미료를 통해 맛을 조절할 수 있듯, LED 조명과 배양액을 통해 고객이 원하는 사이즈의 작물과 함께 맛까지도 조절할 수 있다고 한다(예 : 고객이 성인 손바닥만 한 사이즈로 단맛이 나는 상추를 요청한다면 2~40여 일 후 원하는 것을 받아 볼 수 있는 시대가 되었는데, 기술 발전에 따라 딸기와 같은 과일도 가능하다고 하니 내가 원하는 크기와 맛을 가진 딸기를 받아 볼 수 있는 시대도 멀지 않았다). 현재 지하철에 스마트팜을 구축한 상도역에서는 4가지 비즈니스 모델로 고객을 만족시키고 있다. 그 비즈니스 모델을 하나씩 살펴보면 다음과 같다.

첫 번째는 카페다. 상도역 지하철 농장은 방금 딴 신선한 채소를 이용해 방문한 고객에게 음료를 제공하고 있다. 말 그대로 역세권 카페라서 유동인구 걱정은 할 필요가 없고, 비나 눈이 올 때도 날씨 걱정 없이 해당 업장을 방문할 수 있다. 또한 이렇게 방문한 고객들은 신기한 채소에 눈이 한번, 신기한 컨셉에 마음을 빼앗기며, 다음에 소

개할 아이템에도 관심을 보이게 된다.

출처 : 팜에이트(http://www.farm8.co.kr/)

▲ 샐러드를 판매하는 자동판매기

두 번째는 유동인구 중원하는 고객에게 샐러드와 작물을 판매하는 비즈니스 모델이다. 혹시나 다이어트를 위해 점심에 샐러드를 먹어 본 사람이라면 공감할 것이다. 점심에 샐러드를 먹는 건 의외로 어렵다. 파는 곳도 얼마 없고, 가격도 착하지 않다. 만약 내가 출퇴근하는 지하철역에서 농약 한 방울 사용하지 않은 신선한 샐러드를 염가에 판매한다면 5천만 다이어트인들(사실 우리나라 전 국민이 말로는 다이어트를 하고 있기에……)이 마다할 이유가 있겠는가?

출처 : 팜에이트(http://www.farm8.co.kr/)

▲ 메트로팜을 체험하는 아이들 모습

세 번째 비즈니스 모델은 교육 · 체험 서비스업이다. 도심에서 살아 실제 자라나고 있는 작물을 볼 수 없는 아이들에게 메트로팜을 견학하고 직접 수확한 작물로 샐러드를 먹어 보는 체험을 제공하는 것이다. 1인당 1만~1.5만원 수준으로 1시간 정도 체험을 제공하는데(2021년 기준), 아이들뿐만 아니라 어른들에게도 높은 체험 만족도를 제공한다.

마지막 비즈니스 모델은 식품 제조 · 유통업이다. 상기 세 가지 비즈니스를 통해 소진하지 못한 작물은 샐러드나 별도 상품으로 유통 시장에 내놓는다. 편의점이나 식당과 계약해 높은 품질의 작물을 안정적으로 제공하며, 배송 또한 빠르기에 높은 만족도를 확보하고 있다.

물론 아직은 스마트팜이 퍼져 나가는 초기라서 초기 설비 비용이 제법 들고, 전기와 전문 인력이 필요하기에 일반인들이 접근하기 어렵다고 하지만 만약 위와 같은 스마트팜 전문회사에서 프랜차이즈를 만든다면 기존 다른 프랜차이즈와 대비해서 어떤 쪽이 좀 더 고객을 사로잡을 수 있을까?

여기서 잠깐

### 이제는 치킨 프랜차이즈도 바뀌어야 한다.

앞서처럼 메트로팜을 강조하다 보면 '치킨과 같은 기존 프랜차이즈를 무시하냐'는 말이 나올 수 있다. 맥락상 그렇게 강조한 것뿐이고, 사실 다른 프랜차이즈도 이제 변화가 목전에 다가왔다. 프랜차이즈 중 가장 유명한 아이템으로 치킨을 들 수 있는데 이 중 로봇이 만드는 치킨이 주목을 받고 있다. 매스컴을 통해 이미 알고 있는 분들도 많겠지만 치킨을 튀기는 로봇이 있다. 아니 정확히는 치킨을 튀기는 과정에서 많은 과정을 로봇이 대신해준다. 강남 논현동에 2018년부터 시작된 '롸버트치킨'은 '치킨은 로봇이, 서비스는 사람이'라는 컨셉으로 기계에 생닭을 자른 조각만 집어넣으면 그 이후 튀겨내는 동작까지 모든 과정을 기계가 일괄적으로 해준다. 반죽을 하고, 기름 기계에 넣어 튀겨내고, 중간중간 엉겨 붙지 않게 흔들어주는 동작과 정확한 시간에 치킨을 건져내는 것까지 정확히 요리한다. 여느 치킨집 못지않은 수준의 탁월한 맛을 자랑하며, 사시사철 일정한 맛을 유지할 수 있다는 점이 가장 큰 장점이다. 생산율도 뛰어난데 1시간에 30여 마리를 튀겨낼 수 있다고 한다. 그럼 사람은 무엇을 하느냐? 포장과 함께 양념이 들어간 메뉴의 마지막 작업을 담당한다. 기본 치킨을 만드는 일은 기계에게 일임하고 접객과 같은 고객 마케팅 같은 중요한 부분만 맡아서 하니 여차하면 혼자서도 치킨 가게를 운영할 수 있는 시대가 된 것이다. 이제 프랜차이즈마저도 로봇과 협업해야 하는 시대가 되었다.

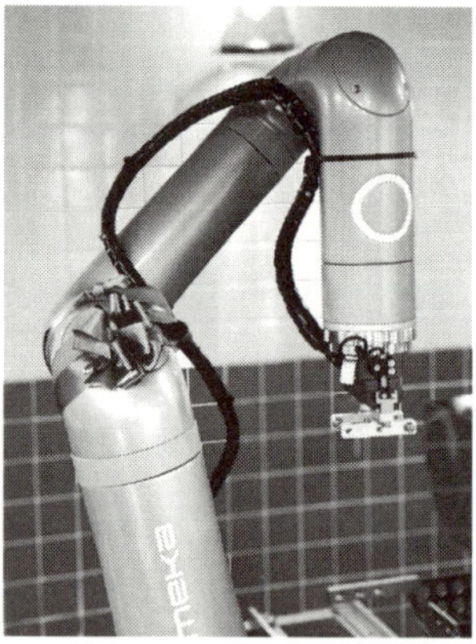
출처 : 라바트치킨

▲ 치킨을 튀기는 자동화 기계 1

출처 : 라바트치킨

▲ 치킨을 튀기는 자동화 기계 2

여기서 잠깐

## 롯데홈쇼핑 RPA(Robot Process Automation) : 계산기에서 엑셀로, 엑셀에서 RPA으로

과거 1970년대에는 은행에서 주판을 사용했다. 숙련된 주판 능력자가 각 지역 상업 고등학교에서 길러졌고, 일등 능력자로 은행에 취업했다. 그 자리는 계산기가 등장하며 바뀌기 시작했다. 누구나 쉽게 쓸 수 있는 계산기는 숙련된 주판 능력자를 퇴색시키는 기술이었지만 대부분의 주판 능력자는 빠르게 계산기에 적응하며 '빠른 계산 능력'을 유지할 수 있었다. 문제는 엑셀부터였다. 엑셀은 계산 능력 자체를 핵심 역량에서 지워버렸다. '계산'은 당연한 것이 되었고 '분석' 역량이 뜨기 시작했다. 걱정했던 것처럼 엑셀이 뜨면서 문서를 작성하는 업무는 디지털화되었고 계산 능력자들은 일자리를 잃었다. 하지만 일자리는 다시 늘기 시작했다. 그동안 계산하느라 바빴던 재무 · 회계 부서가 '분석'을 시작하며 더 많은 업무가 생긴 것이다. 그렇게 분석 일자리가 늘어났다.

이제 RPA(로봇 활용 업무 자동화)라는 것이 뜨고 있다. 과거 엑셀이 '빠른 계산 능력자'를 대체했던 것처럼, RPA는 '반복적인 일을 정확'하게 하는 직장 내 능력자를 대체하려 하고 있다. 단순 반복 일을 기계가 알아서 해주는 시대가 벌써 다가온 것이다. 홈쇼핑 업계에서 이례적으로 RPA에 빠르게 접근한 롯데홈쇼핑은 이를 적극적으로 시작하고 있는데 이는 홈쇼핑 산업 자체 하향곡선과 연계되어 있었다. 젊은 세대가 TV를 보지 않고 다양한 홈쇼핑 경쟁자가 나타나 매출은 물론 인력이 줄기 시작한 것이다. 이런 인력 부족을 이유로 RPA를 시작하게 된 것이다. 가장 먼저 RPA를 시도한 업무는 허위 과대광고 모니터링이었는데, 기존에는 3명이 상세설명서를 검토하며 허위 과대광고 문구를 걸러내는 업무를 쉬지 않고 진행해 하루 300건씩 할 수 있었다. RPA는 이런 단순 반복업무를 자동화시켜 주었다. 로봇 1대가 하루 400여 건씩 3명의 업무 분량을 해결했다. 업무 효율이 무려 400%가 증가한 것이다. 3명은 어떻게 되었을까? 한 명은 만약의 사태를 대비하고 로봇을 체크하기 위해 기존 업무를 담당했고, 2명은 해당 부서가 맡은 일 중 더 중요한 업무에 집중할 수 있게 되었다. 그리고 여유가 생긴 업무시간을 재택근무 제도로 활용할 수 있게 되었고 다른 업무에서 더 큰 성과를 낼 수 있게 되었다. 모니터링 업무뿐만 아니라 기획 부서에서도 효과가 나타났다. 홈쇼핑 MD, 즉 기획자는 행사를 기획하면 수시로 행사 상품 가격을 타사와 비교해야 하는데, 매시간 가격 비교를 하는 것도 보통 시간이 드는 것이 아니다(만약 A사가 수박 할인 이벤트를 하는데, 동일 상품을 B사가 더 싸게 판다면 고객은 어떤 생각을 하겠는가). 그런데 RPA를 통해 주식처럼 실시간 다른 제품 가격 변화를 확인할 수 있게 되어 담당자는 좀 더 편하고 정확한 업무 처리를 할 수 있었다.

이런 긍정적인 변화로 6개월 간 50개 업무를 돕는 디지털 RPA를 개발했고 23개 부서가 로봇과 일하게 되면서 좀 더 중요한 업무에 집중할 수 있게 되며, 좀 더 효율적으로 시간을 쓸 수 있게 되었다. 당신이 회사 CEO라면 이런 효율적인 RPA를 회사에 도입하기를 주저하겠는가? 이 질문은 마치 엑셀이 있음에도 불구하고 아직 쓸모 있고 이 방식이 좋다며 주판이나 전자계산기를 고집하는 것과 같을 것이다.

여기서 잠깐

## 섬유산업과 햅틱 기술이 만난 디지털 트랜스포메이션(Digital Transformation) 변화

옷에도 변화가 일어나고 있다. '햅틱'이라는 기술이 특히 변화에 큰 영향을 미쳤는데, 해당 기술은 컴퓨터가 촉감이나 진동을 통해 옷을 입는 유저에게 새로운 경험을 제공할 수 있는 기술이다. 이런 기술을 활용해 근로자를 대상으로 한 몸 통증을 없애주는 '스마트 햅틱 셔츠'가 나오고 있다. 이 옷은 3차원 방직 기술을 이용해 반도체 역할을 하는 전기가 통하는 플라스틱이 섞인 옷감으로 만들어졌으며 눈에 보이지 않은 나노 사이즈의 작은 자석 모터가 달려 있어 내가 원하는 곳에 자기장과 약한 진동을 내 통증을 없애준다. 어깨 위쪽이든 등이든 원하는 곳에 진동을 보낼 수 있다.

이 기술은 운동에 더 빠르게 적용되고 있다. '스마트 햅틱 골프클럽'은 초보자와 고수 모두에게 인기다. 앱과 연동된 햅틱 클럽으로 스윙을 하면 초보자에게는 적절한 그립 교정을 눈에 보이는 선으로 도와주고, 적절한 힘으로 잡았는지 진동과 소리로 알려주며, 스윙 결과도 체크해준다. 골프 고수들에게는 본인이 원하는 프로골퍼 스윙을 따라할 수 있게 체크해주며, 친구들 간 스윙도 공유할 수 있게 도와준다.

영화 "레디 플레이어 원"에서는 주인공이 비싼 VR 슈트를 입고 이성 친구와 춤을 추는 장면도 나오는데, 가상이지만 서로를 만지는 것이 느껴지는 것도 이런 햅틱 기술이 발전해서 가능한 것이다. 현재는 모바일폰이나 게임 조이스틱에만 적용되고 있지만 갈수록 다양한 분야에 적용되며 우리에게 새로운 미래를 열어줄 것이다.

하나 더 놀라운 사실을 말하자면 이미 VR 슈트는 현실에 나와 있다. 36개 동작 인식 센서를 이식하고 9개 촉각 센서가 슈트 내부에 있어서 입고 움직이

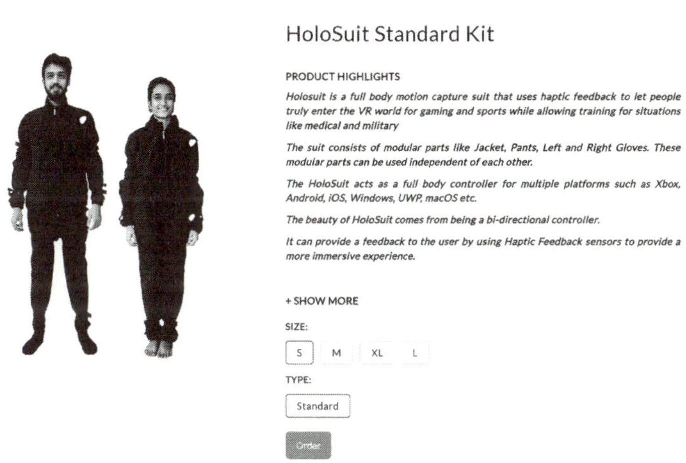


출처 : HoloSuit 홈페이지(https://www.holosuit.com/)

▲ 2021년 현재 판매하고 있는 VR 수트

기만 해도 로봇 조작이 가능하기에 산업 현장에서 적용 가능한데, 가격도 전신 복장이 999달러밖에 하지 않으니 정말 미래에는 직접 움직여야 하는 제조업도 집에서 해당 슈트를 입고 일할 수 있을 것 같다.

## 1.2 자율주행과 디지털 트랜스포메이션

당신도 곧 친환경 자율주행차를 살 것이다. 아니 이마저도 구매가 아닌 필요할 때마다 빌려서 사용할 수 있다. 차를 소유하는 시대가 곧 끝날 수 있는 것이다. "자율주행차를 사겠는가?"라고 질문한다면 대부분 이렇게 답한다.

"집이 멀거나 술 좋아하는 사람들은 사지 않을까?"

이 대답은 절반만 맞은 것이다. 자율주행차가 있다면 퇴근 후 친구들과 술자리를 가지더라도 대리기사를 부를 필요 없고, 혹시 집이 멀더라도 누워서 퇴근할 수 있으니 그리 고되지 않을 것이다. 하지만 자율주행은 당신이 상상한 이상의 파급력을 가지고 있다. 자율주행 자동차는 스마트시티(Smart City)라고 하는 컨셉에서 도시 생태계를 바꾸는 엄청난 기술 변화를 가져오는 아이템이다. 가장 쉬운 예로 우리나라에서 가장 문제되고 있는 집값을 생각해 보자. 당신이라면 차에서 1시간 누워서 또는 자면서 혹은 영화를 보면서 출퇴근하면 되는데 굳이 20억을 주고 좁은 서울 아파트에 살겠는가? 아니면 적은 금액으로 넓게 살 수 있는 경기도권을 선택하고 자율주행 자동차를 활용하겠는가? 2025년이면 완전자율주행 자동차(운전자가 운전 자체에 신경 쓰지 않아도 되는 수준)가 나온다는데, 그럴 경우 집값은 어떻게 될까? 늘 얘기하는 부동산 버블 문제는 경제위기가 아닌 교통수단 변화로 일어날 수 있는 것이다.

좀 더 자율주행차에 대해 이해하면 다음과 같다.

자원 고갈 및 에너지 소비량 · 온실가스 증가로 기후 변화 이슈가 제기되었고, 이에 친환경 자동차가 자동차 산업에서 화제로 떠올랐다. 이와 연계한 기술 발전으로 자율주행이 주목받으며, '자율주행 친환경 자동차'가 새로운 미래 변화 트렌드로 각광받고 있다.

이 중 자율주행차(Autonomous Vehicle, Self-driving Car)는 운전자 개입 없이 주변 환경을 인식하고 주행 상황을 판단해 차량을 제어함으로써 주어진 목적지까지 스스로 주행하는 자동차를 말하는데, 자율주행은 총 5단계로 나뉜다. 가장 쉽게 표현하면 2010년에 도달한 2단계에서는 발을 뗀 채로 운전할 수 있고, 2017년 3단계부터는 손을 떼며, 2025년에는 4단계로 눈을 떼고 운전할 수 있게 된다. 2035년 5단계(Mind-off)에서는 말 그대로의 자율주행이 가능해진다. 테슬라는 2021년 발표에서 향후 Level 5 기술을 완성 후 robo-taxi를 직접 운영한다고 하는데, 곧 눈앞에 해당 변화가 일어날 것 같다.

실제 미국에서 테슬라를 포함해 구글, 아마존, GM, 우버 등 굵직한 자동차 관련 대기업이 개발에 뛰어든 로보택시는 지금(2021년) 몇 개 시에서 서비스를 운영하며 본격 상용화를 준비하고 있다. 각 회사들은 앱 호출, 승객과 실시간 소통, 집 안의 방과 같은 분위기를 가진 자동차 인테리어 등 서비스를 차별화 무기로 삼고 있다. 또한 미국 내

일반 택시요금은 25~30달러, 지하철 2~3달러를 유지할 때, 테슬라의 로보택시는 예상 운행요금을 0.18불로 예상하고 있다. 이것만 해도 놀라운데 택시뿐만 아니라 트럭에도 자율주행이 적용되려 하고 있다. 시내 운전보다 상대적으로 단순한 고속도로에서의 자율주행 트럭은 운송 시장 생태계에 엄청난 화제를 불러 일으킬 것이다.

물건이나 사람을 옮기는 단계에서 끝이 아니다. 돌아다니는 CCTV라고 할 수 있는 자율주행 자동차는 데이터 쪽에서 부가가치를 가져올 수 있다. 테슬라의 발표에 의하면 자율주행 자동차 에너지 충전소 내 데이터 클라우드를 설비해 충전하는 동안, 자율주행차가 쌓아온 데이터를 축적하고 해당 데이터를 판매하는 것도 가능하다. 자율주행 자동차가 수집한 데이터는 개인이나 기관을 대상으로 판매되어 부가수익을 얻을 수 있게 될 것이다. 그리고 이런 데이터 판매 사업은 대기업뿐만 아니라 개인도 수익을 얻을 수 있다. 자율주행차를 가진 사람은 우버와 같은 회사를 활용해 일정 수수료를 내고 출근한 후 회사에서 일하는 동안 차량이 스스로 돌아다니면서 고객을 태우고 내리며 영업을 하는 방식으로 돈을 벌 수 있다.

물론 자율주행을 위해 해결해야 할 문제가 아직 많다. 민·형사상 교통사고 책임 소재, 해킹에 대한 대응, 일자리 감소 등 이슈가 있겠지만 이렇게 돈이 되는 시장을 대기업과 개인이 가만히 두고 보지는 않을 것이다.

## 1.3 눈 앞에 다가온 디지털 트랜스포메이션

'스마트팜', 'RPA' 그리고 '자율주행'. 어떻게 보면 우리가 기술 성장 속도 면에서 상대적으로 느리다고 생각했던 농업의 변화, 업무 자동화 그리고 이동 수단인 자동차 혁신, 같은 듯 다른 세 가지를 실행하고 있는 다양한 산업은 단 한 가지 공통 목표를 가지고 업무를 진행하고 있다. 그 목표는 바로 디지털 트랜스포메이션(Digital Transformation). 줄여서 DT 또는 DX(Digital eXperience)라고 불리는 소위 '디지털 변혁'이며, 기업 변화의 핵심 키워드가 되고 있다.

4차 산업혁명이라는 용어에서 산업 및 기업 중심으로 정의된 디지털 트랜스포메이션이라는 용어는 COVID-19로 인해 비대면이 강조되며 디지털이 핵심이 되었다. 국내 대기업 중 약 90%가 디지털 트랜스포메이션을 비전으로 잡고 변화하고 있고, 일부 대기업에서는 결재 서류 제목에 '디지털 트랜스포메이션'이 포함되지 않으면 결재 순위가 밀린다는 말조차 돌고 있다. 아마 이 글을 읽고 있는 독자 중 산업 쪽에 계시는 분이라면 지금 책을 덮고 싶은 마음이 들 정도로 지겹게 듣는 말일 수 있는데 도대체 디지털 트랜스포메이션이 뭔지 지금부터 밝히고자 한다(만약 기업 내 디지털 트랜스포메이션 부서 종사자라면 지겹겠지만 총정리라는 관점에서 일독을 권장한다).

## 1.4 디지털 트랜스포메이션에 대한 전반적인 프레임 정리하기

이번 장에서는 아직 견고한 바탕을 가지지 못한 디지털 트랜스포메이션에 대해 학술적으로 정리하면서도 현장에서 충분히 활용할 수 있도록 작성했다. 디지털 트랜스포메이션 정의를 기본으로 다른 개념들과 비교할 수 있도록 구성해 개념들을 보며 가장 포괄적인 디지털 트랜스포메이션 정의라는 것을 이해할 수 있도록 작성했다.

### 1) 4차 산업혁명 용어의 불명확함으로 시작된 디지털 트랜스포메이션

익숙한 듯 익숙하지 않은 '산업혁명'이라는 용어는 기술 혁신과 함께 일어난 사회 · 경제 구조 변화를 말하는데 각 산업혁명을 표로 간략히 정리하면 다음과 같다.

**표 1-1** 산업혁명별 시기 및 특징

| 산업혁명 구분 | 각 산업혁명별 시기 및 특징 |
|---|---|
| 1차 산업혁명 | 1784년, 영국에서 시작된 증기기관 기반 '기계화' 도입 |
| 2차 산업혁명 | 1870년, 전기를 이용한 '대량생산' 이 본격화 |
| 3차 산업혁명 | 1969년, 인터넷이 이끈 컴퓨터와 인터넷 '디지털' 혁명 |
| 4차 산업혁명 | 2016년, 지능정보기술이 기존 산업 및 서비스와 '융합'하면서 일어난 '사물 지능화' 혁명 |

이에 반해 디지털 트랜스포메이션에 대한 정의는 뒤에서 자세히 하겠지만 관련 논문에 의하면 두 가지 용어의 차이는 다음과 같다.

4차 산업혁명은 인간의 도구 활용을 통한 생산성 혁신 단계 중 하나로 시대적 흐름을 설명하는 개념이다. 이에 반해 디지털 트랜스포메이션은 인간이 수행하는 활동이 컴퓨터라는 도구를 통해 디지털화·정보화되면서 변화하고 혁신을 이룬다는 개념이다.

좀 더 깊이 들어가면 4차 산업혁명 정의와 전망은 상대적으로 다양한 기술과 개인, 기업, 정부, 경제, 사회, 문화 등을 광범위하게 포함하기 때문에 이를 논의할 때 구체적인 분석 프레임이 부족하다.

따라서 이를 보완하기 위해 디지털 트랜스포메이션이 언급되기 시작했고, 이에 따라 디지털 트랜스포메이션은 기업 관점에서 구체적으로 디지털 기술을 활용해 혁신하는 프레임을 제시하고 있기에 더 명확한 편이다.

### 2) 디지털 트랜스포메이션의 다양한 정의와 축약

명확한 현장 요구로 탄생한 디지털 트랜스포메이션이지만 다양한 기관에서는 각기 자신의 색채를 집어넣어 비슷하지만 조금은 다르게 정의하고 있다.

〈표 1-2〉에서 리서치 및 컨설팅 기관의 디지털 트랜스포메이션 개념을 살펴보면 공통적으로 기업 주체를 강조하며, 기업이 최신 디지털 기술을 활용, 지속적으로 변화하는 환경에 적응해 경쟁력을 확

**표 1-2 다양한 디지털 트랜스포메이션 정의**

| 발표 기관 | 디지털 트랜스포메이션 정의 |
|---|---|
| IBM(2007) | 기업이 디지털과 물리적 요소를 통합하여, 비즈니스 모델 변화와 산업을 새로운 방향으로 정의하는 전략 |
| Lucas et al. (2013) | 기업의 프로세스 · 조직 구조의 변화와 사용자 경험과 시장 구조의 변화를 만들어 내는 것 |
| Agile Elephant (2015) | 자산의 디지털화와 조직이 생각하고 일하는 방식을 바꾸는 프로세스 혁신, 리더십과 신규 비즈니스 모델의 창출 그리고 이해관계자, 고객, 직원 등의 경험을 향상시키기 위한 기술 활용까지 포괄하는 개념 |
| IDC(2015) | 기업이 새로운 비즈니스 모델, 제품, 서비스 창출을 위해 디지털 역량을 활용해 고객 및 시장의 파괴적인 변화에 적응하거나 이를 추진하는 지속적인 프로세스 |
| A.T. Kearney (2016) | 모바일, 클라우드, 빅데이터, 인공지능, 사물인터넷 등 디지털 신기술로 촉발되는 경영 환경상의 변화 동인에 선제적으로 대응해 현재 비즈니스 경쟁력을 획기적으로 높이거나 새로운 비즈니스 등 신규 성장을 추구하는 기업 활동 |

보하려는 노력으로 이해하고 있다. 국내 정보통신정책연구원(2017)를 기반으로 위 내용을 축약하면 다음과 정의할 수 있다.

"디지털 트랜스포메이션은 산업 내에 기업이 최신의 디지털 기술을 실제적으로 활용해 프로세스가 변화하는 과정에서부터, 이를 통해 비즈니스 모델, 생태계 변화까지를 의미한다."

이를 더 줄이면 다음과 같다.

'디지털 기술을 활용한 핵심 사업 효율화, 신사업 개발 그리고 관련 생태계 변화'

사실 모든 비즈니스 관련 모델 및 프레임을 축약하다 보면 두 가지 프레임으로 나뉠 것이다.

'핵심 사업 효율화' + '신사업 개발'

디지털 트랜스포메이션은 여기에 '디지털(Digital)'이라는 프레임과 함께 '지속성'이 붙은 개념으로 볼 수 있을 것이다. 앞서 논의했던 위에서 언급한 사례를 통해 구분해 보면 다음과 같다.

**※ 메트로팜 사례**

핵심 사업 효율화 = ⓐ 농작물 재배 · 유통 · 판매, ⓑ 샐러드와 같은 2차 유통상품 제조 · 유통 · 판매

신사업 개발 = ⓐ 교육 · 체험 서비스, ⓑ 향후 농작물 재배 관련 데이터 판매

**※ 롯데홈쇼핑 RPA 사례**

핵심 사업 효율화 = ⓐ 허위 과대광고 문구 모니터링 자동화, ⓑ 경쟁 상품 상시 가격 비교 자동화

신사업 개발 = 해당 RPA 프로그램 외부 판매

**※ 테슬라 사례**

핵심 사업 효율화 = ⓐ 자율주행 차량 제조 및 판매

신사업 개발 = ⓐ 배터리 제조, ⓑ 에너지 충전 사업, ⓒ 차량 대여 사업, ⓓ 수집 데이터 판매 사업

## 1.5 디지털 트랜스포메이션 자체가 신사업이 된다

앞에서 디지털 트랜스포메이션을 핵심 사업 효율화와 신사업 개발로 구분할 수 있다고 말했지만 사실 디지털 트랜스포메이션 자체가 신사업이다. 디지털 트랜스포메이션 프로젝트를 하다 보면 핵심사업 효율화 과정에서 프로그램을 만들거나 데이터가 발생하게 된다. 이 과정에서 발생한 프로그램과 데이터가 판매할 수 있는 아이템, 즉 신사업 아이템이 되는 것이다.

실제 우리나라 유수 스타트업 기업 중 미국 실리콘밸리와 중국에서 사업을 펼쳐가고 있는 컴퍼니 팩토리(COMPANY FACTORY)사는 Wearable Base Healthcare 서비스를 운영 중이다. 해당사는 여러 병원에서 환자의 온도, 습도, 심박동, 진동을 측정하는 센서를 개발, 판매 · 관리하는 사업을 하고 있는데, 해당 웨어러블 기계를 렌탈 · 판매하는 사업이 주요 핵심 사업이라면 신사업은 관련 데이터를 판매하는 것이다. 예를 들면 24시간 측정된 부정맥 데이터는 의사나 관련 물품을 개발하는 회사에게는 말 그대로 황금과 같은 것이다. 컴퍼니 팩토리사의 권영해 CEO는 아직 데이터를 본격적으로 판매하지 않았음에도(2021년 기준) 데이터 판매가 해당사 매출 20 ~ 30%를 차지하고 있고, 데이터가 모일수록 관련 데이터 판매가 매출에서 더 큰 부분을 차

지할 것으로 보고 있다.

이런 내용을 다루다 보면 자주 '핵심 사업과 신사업 둘 중 어떤 것을 하는 것이 맞는가?'나 '둘 다 할 수 있는지'를 물어본다. 실제 국내 디지털 트랜스포메이션 프로젝트에서도 그렇고, 외국에서도 두 가지를 다 하고 있다. 가트너 애널리스트 에드 게이브리스와 베레스포드는 과거 보고서에서 많은 기업이 디지털 트랜스포메이션을 통해 핵심 사업 효율화 및 신사업 개발 두 가지를 모두 하고 있고 자원과 우선순위, 활동을 잘 연계해 조율해야 한다고 말했다. 그리고 위에서 언급했던 실제 사례에서 디지털 트랜스포메이션 프로그램 개발이나 관련 데이터를 판매하는 것, 즉 '디지털 트랜스포메이션 실행' 자체가 어찌 보면 '신사업 개발'이라고 볼 수 있을 것이다.

## 1.6 디지털 트랜스포메이션 정의를 좀 더 깊게 이해하기

디지털 트랜스포메이션에 대해 비교적 짧게 정의했지만 '생태계 변화'라는 측면을 이해하기 어렵다는 요구에 따라 이를 가장 쉽게 풀이한 제이슨 블룸버그(Jason Bloomberg)의 논문 "Form digitization, digitalization, and digital transformation : Confuse them at your peril"을 참고해 해당 내용을 풀어 보면 다음과 같다.

먼저 디지털 트랜스포메이션에는 의미가 혼동되는 용어가 두 가지 있다. Digitization과 Digitalization. 영어로 봐도 혼동된다. 디지타이제이션 vs 디지탈리제이션. 그나마 이렇게 표현해야 '다르게 읽는구나' 하고 인지될 정도다. 그래도 다행인 점은 디지타이제이션(Digitization)의 의미는 매우 명확하다. 그러나 디지털리제이션(Digitalization)과 디지털 트랜스포메이션 구분은 산업, 기관, 학자마다 조금씩 모호하다(본 책에서는 학계 및 산업계에서 그래도 가장 많이 쓰이는 위 두 사례를 가지고 그 의미를 분명히 하고자 했다).

### 1) 디지타이제이션 : 아날로그를 디지털화

디지털화는 기본적으로 아날로그 정보를 0과 1로 인코딩해 컴퓨터가 이러한 정보를 저장, 처리 및 전송할 수 있도록 하는 것을 말한다. Gartner IT 용어집에 따르면 "디지털화는 아날로그 형태를 디지털 형태로 전환하는 과정이다". 예를 들면 수동문을 자동문으로 바꾸거나 생산라인에서 종이로 되어 있던 '상품확인서'라는 점검표를 디지털화해 핸드폰이나 패드에 넣어 확인하는 것을 의미한다. 다만 디지털화는 '프로세스 과정'이 아니라 '디지털화한 정보, 즉 결과물'이라는 점을 기억해야 한다.

### 2) 디지털리제이션 : 비즈니스 모델과 운영 방식 변화

디지털리제이션은 비교적 디지타이제이션보다 학계와 산업에서 통일된 정의가 없어 애매모호하고 혼동되는 편이다. 학계에서는 디지털리제이션을 과거 전화에서 이메일이나 온라인 채팅 등 일과 여가활동에서 사용하는 소통수단 변화인 "상호작용(Interaction)"에 초점을 두는 반면, 산업계에서는 "비즈니스 모델과 운영 방식"에 방점을 찍고 있다. 관련 Gartner 보고서에 따르면 디지털리제이션은 "비즈니스 모델을 변경하고 새로운 수익과 가치 창출 기회 제공을 위해 비즈니스에 디지털 기술을 활용하는 것"이다. 예를 들면 오프라인 디저트 가게나 홈페이지를 열어 온라인 판매를 시작하거나 오프라인 회사에 ERP 시스템을 도입해 관련 정보를 디지털화해 비즈니스를 관리하는 것을 말한다.

### 3) 디지털 트랜스포메이션 : Beyond Digitalization

조직은 자동화를 통해 임직원이 컴퓨터를 사용하도록 교육하고 지시해 디지털리제이션 프로젝트를 수행할 수 있다. 한편 디지털 트랜스포메이션 프로젝트는 기업 내 변화로 국한되는 것이 아니라 관련 산업 생태계 전체를 아우르는 큰 범위라고 생각해야 한다.

다시 말하자면 앞서 말한 디지타이제이션과 디지탈리제이션은 기업 내 작고 큰 프로젝트로 '기업 내'에서 일어나는 변화라고 생각하면 되고, 디지털 트랜스포메이션은 디지털 기술 구현을 통해 일어나는 조직 및 기업 범위를 넘어선 사회 전반에 영향을 주는 혁신을 의미한다. 다른 시선에서 보자면 디지타이제이션과 디지탈리제이션이 기본적으로 기술 위주로 연계되어 있다면, 디지털 트랜스포메이션은 고객을 중심으로 사회 전반에 주는 영향력 위주로 연계되어 있다고 생각하면 더 이해가 빠를 것이다.

## 1.7 사례로 이해하는 각 개념 간 구분

앞의 3가지 개념을 가장 쉽게 음반 시장 사례로 풀어 설명한 LG CNS 홈페이지 내 'Digital Transformation, 어떻게 시작할까?'를 가지고 설명하면 다음과 같다.

### 1) 디지타이제이션

1990년 LP나 카세트 테이프로 녹음된 아날로그 기록이 디지타이제이션을 거치며 CD라는 디지털 상품이 생겼고 보다 효율적으로 데이터를 저장할 수 있게 되었다.

출처 : LG CNS

▲ 카세트테이프 → cd

### 2) 디지털리제이션

2000년에 들어오며 아이튠즈 등장으로 음반 시장 패러다임은 온라인 디지털 산업으로 급격하게 이동하는데, 이것이 디지털리제이션의 대표적인 사례다. MP3와 같은 신기술이 음반 산업 비즈니스 운영과 혁신에 영향을 준 것도 있지만 아이튠즈라는 디지털 음원 다운로드 시장으로 전환되며 비즈니스 모델과 운영 방법이 '새로운 형태의 소유' 경험으로 관련 시장을 변화시켰다.

출처 : LG CNS

▲ cd → MP3

### 3) 디지털 트랜스포메이션

음반 시장의 디지털 트랜스포메이션은 우리가 익숙한 멜론, 지니와 같은 스트리밍(Streaming) 방식이 들어오며, 음반 '소유' 개념을 '접근'으로 개편했다. 일부 팬을 제외한 대부분 사람들은 더 이상 한 가수의 $x$집 앨범을 소유하는 것을 원치 않게 되며, 가수들 역시 예전과 같은 1집, 2집 앨범에 들어 있는 10~12곡 컨셉이 아닌 히트될 만한

한 곡만을 담은 앨범 아닌 앨범을 출시했다. 생태계가 바뀌기 시작했고 힘의 균형이 옮겨졌다. 과거 음반 제작사에서 플랫폼 운영자에게 주도권이 넘어간 것이다. 다양한 음악 방송에서 나오는 편곡이나 경연 대회 이슈 곡이 유통되기 시작하면서 제작자들도 기본 방식이 아닌 새로운 수익을 잡는 방법을 더 매력적으로 생각하게 되었다. 음악 시장과 관련해서 전반적인 생태계 변화가 일어난 것이다.

출처 : LG CNS

▲ MP3 → 멜론 등

## 1.8 디지털 트랜스포메이션을 정의하는 또 다른 시각

이 책에서는 디지털 트랜스포메이션을 '디지털 기술을 활용한 핵심 사업 효율화, 신사업 개발 그리고 관련 생태계 변화'로 정의했는데,

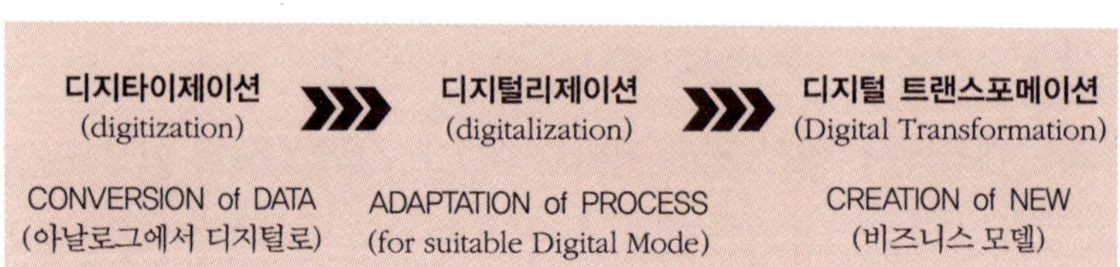


출처 : amanciobouza.com

▲ 디지타이제이션, 디지털리제이션, 디지털 트랜스포메이션 구분 1

또 다른 시점에서는 다음과 같이 정의하기도 한다.

① 디지털 기술을 활용한 핵심 사업 효율화 = 디지털리제이션
② 디지털 기술을 활용한 신사업 개발 = 디지털 트랜스포메이션

그런데 위와 같은 정의는 이해에 명확한 틀을 제공하지만 다음과 같이 디지타이제이션과 디지털리제이션 구분이 모호해지는 문제와 만난다. 데이터를 디지털화하는 것은 핵심 사업 효율화에 속하는 것인가? 신사업은 디지털화와 상관없는 것인가? 또한 핵심 사업 효율화와 신사업 개발을 어떻게 나눌 수 있는가? 예를 들면 테슬라는 자율주행차 내부 배터리 효율화를 통해 여러 가지 관련 사업을 하고 있다. 직접 반도체를 개발하는 것부터 관련 기술 개발까지 하고 있는 것이다. 본인들이 사용하는 배터리 효율을 올리기 위해 이를 연구, 개발하는 것은 핵심 사업 효율화인가 신사업 개발인가? 이런 접근에서 이야

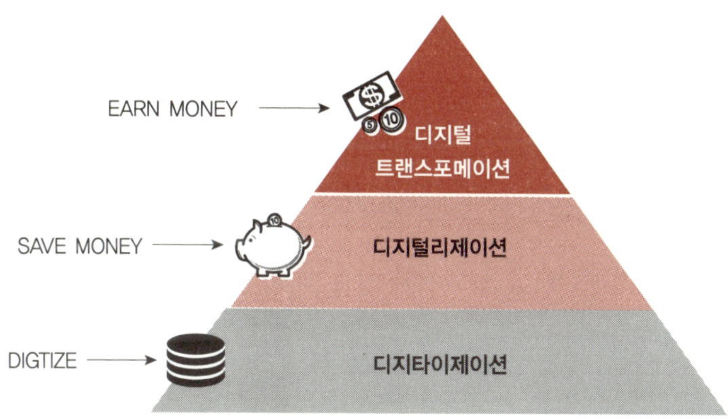


▲ 디지타이제이션, 디지털리제이션, 디지털 트랜스포메이션 구분 2

기한다면 좀 더 넓은 범위인 생태계까지 포함하는 것이 디지털 트랜스포메이션 정의로 더 적합할 것이다.

## 2. 언제(When) 디지털 트랜스포메이션이 시작되는가?

### 2.1 디지털 트랜스포메이션 진행 시기? 빠르면 빠를수록 좋다.

앞서 말한 것처럼 디지털 트랜스포메이션 정의에 대해서는 전문가들마다 다른 방향성을 가지고 있지만, 모든 학자들에게 이의가 없는 분야가 하나 있다. 바로 기업이 디지털 트랜스포메이션을 실행해야 하는 시기다. 그리고 그 적합한 시기는 '가능한 한 빨리(As soon as Possible)'이다. 혹자는 이렇게 얘기할 수 있다. 관련 분야에 종사하고 있으니 그렇게 얘기하는 게 아니냐고. 하지만 우리나라 정부, 모든 대기업이 뛰어들고 있는 상황이고, 외국 경제도 해당 분야로 움직이고 있다면? 다들 해당 방향을 정조준하고 달리고 있는데 바라만 보는 것이 맞을까?

이에 대해 좀 더 상세한 세 가지 근거는 아래와 같다.

### 1) 새로운 분야에는 빠르게 뛰어들어야 상대적으로 적응이 쉽다

앞서 우수 사례(Best Practice)로 언급했던 RPA를 말해 보자. 다른 나라에 비해 한국 기업이 로봇 프로세스 자동화(RPA)에 적응하는 속도와 규모는 압도적이다. 대부분의 나라에서 RPA 30%가 '기업용 장난감(Corporate toy)'으로 전락하는데, 우리나라는 가장 많은 우수 사례를 만들어 내고 있는 것이다. 최근 IBM에 따르면 인도, 호주, 싱가포르 등 중앙아시아그룹 나라 중 한국이 가장 빠르고 우수한 성과를 달성하며, 다른 나라와의 성과 격차를 만들어가고 있다. 어찌 보면 이는 빠른 것을 좋아하는 한국인 특성이 디지털 트랜스포메이션과 어울러 시너지를 내고 있다고 볼 수 있다.

좀 더 쉽게 이야기해 보자. 우리나라에만 해당하는 이야기가 될 수 있지만 자격증을 따려면 언제 취득하는 것이 가장 쉬울까? 답은 초반이다. 자격증이 생겨나서 자리 잡기 전에는 주최 측에서 취득자를 많이 확보하려는 목적도 있지만 운영상 초기에는 시험 난이도 조절이 안 되어 많은 인원을 뽑게 된다. 그래서 초반이 가장 자격 취득이 쉽다. 디지털 트랜스포메이션도 그렇다. 아직은 해당 분야가 초반이라서 입문자가 숙지해야 할 용어가 그리 많지 않아 초기 진입하는 플레이어도 어느 정도 감당할 수 있는 수준이다. 하지만 시간이 점점 지나며 당연하게 사용하는 전문용어가 생겨나고 있다. 앞서 얘기했던 메트로팜, RPA, 스마트시티는 기본이고 ABCD와 같은 두문자어가 생겨나고 있는데 시간이 흐름에 따라 진입자는 신규 용어만 익히는 것조차 어려울 지경이다.

예를 들어 어떤 전문가가 기업 자문 중 다음과 같이 말했다고 생각해 보자.

"금융 쪽은 ABCD로 가고 있고, TechFIN과 FINTech에서 주도권 경쟁을 하고 있다."

위 문장을 이해하려면 두 가지를 알고 있어야 한다.

① 먼저 기술 분야에서 ABCD는 ICT 기반 기술을 말한다. A는 인공지능(AI), B는 블록체인(Block Chain), C는 클라우드(Cloud), D는 데이터 분석(Data Analytics)이다. 가끔 B를 빅데이터(Big data)로 바꿔 쓰기도 하는데, 금융 쪽에서 통상적으로 B는 블록체인 기술을 이야기 한다.

② TechFIN과 FINTech는 공인인증서 없는 현금 송금으로 이슈를 불러왔던 기업 '토스(Toss)'와 같은 IT 기반 금융 기업들과 기존 금융 기업(예 : 신한, 국민 등) 간의 도메인(Domain : 이 책에서는 해당 산업 분야에서 활동하기 위해 알고 있어야 하는 업무, 재무, 비즈니스 기술을 말함) 산업 경쟁을 생각해야 한다. 기존 철옹성 같던 금융 장벽이 상대적으로 고객 친화적인 IT기업들로 인해 흔들리기 시작하면서 용어에서부터 싸움이 일어나고 있는 것이다. Financial(금융)과 Technology(기술) 합성어인 이 두 용어는 마치 고연전 vs 연고전처럼 자기 부분 이름을 앞으로 내세우고자 신경전을 하고 있는 것이다.

여기서 잠깐

### CoTeFin

사실 IT와 금융 산업도 싸우고 있을 때가 아니다. 벌써 다른 공룡이 이쪽을 탐내기 시작했다. 바로 스타벅스다. 왠 스타벅스와 금융? 싶겠지만 스타벅스 애플리케이션에서 사이렌오더(온라인 주문)로 통용되는 사이버머니가 대략 2~3조 원이라고 한다. 미국 중소은행 정도가 되어야 그 정도 금액을 가지고 있다고 하는데, 스타벅스는 이자도 주지 않고 고객도 그것을 바라지 않는다(아마도 이자는커녕 로고 달린 초록색 키홀더만 줘도 충성고객이 되지 않을까?). 스타벅스가 만약 경쟁에 뛰어든다면 이제 곧 CoTeFin(Coffee + technology + Financial)이라는 용어도 나올 참이다. 스타벅스와 같은 충성고객을 가진 기업이 해당 산업에 뛰어든다면 금융에 또 하나 새로운 경쟁자가 생기는 것이므로 용어 가지고 싸울 때가 아니라고 말하고 싶다.

지금 디지털 트랜스포메이션이 본격화된 2~3년 만에 이렇게 되었는데, 시간이 조금 더 지나면 어떻게 될까? 이 분야에 진입하려는 사람들은 마치 과거에 고시 공부할 때 한문으로 써진 법전을 하나하나 찾아가며 해석했듯이 새로운 용어의 의미를 파악하는 것만으로도 벅찰 것이다. 빨리 배워야 그 문화를 배워가며 그 맥락을 반영한 정확한 언어를 사용할 수 있다. 디지털 트랜스포메이션도 그렇다. 용어만 익히는 것이 아니라 그 문화까지 파악해야 제대로 활용할 수 있다.

### 2) 사람 발전 속도가 기술보다 느리다

디지털 트랜스포메이션을 빨리 시작해야 하는 두 번째 이유는 사람의 발전 속도가 기계보다 느리기 때문이다. 좀 더 풀어 이야기하자면 회사에 어떤 시스템을 도입할 때 도입 속도를 빠르게 하고 싶다면 돈만 더 준비하면 된다. 신규 프로그램이 기존 시스템과 충돌하더라도 돈만 많으면 시간은 어느 정도 해결할 수 있다. 즉, 좋은 시스템을 도입하는 것은 돈만 있으면 해결된다. 하지만 사람은 그렇지 않다.

예를 들어 엑셀(EXCEL)을 생각해 보자. 모든 사람이 전자계산기를 쓰는 상황에서 엑셀을 회사에 도입한다면 시간과 돈이 얼마나 들까? 시스템 도입 자체는 간단하다. 모든 컴퓨터에 엑셀을 깔 수 있도록 라이선스 비용을 내고 구식 컴퓨터만 엑셀을 돌릴 수 있는 사양의 컴퓨터로 바꿔주면 된다. 길어도 한 달 안에 해결된다. 그러나 전자계산기만 쓰던 전 직원에게 엑셀을 쓰게 하려면 얼마나 걸릴까? 적어도 2~ 3개월은 걸릴 것이다. 그리고 엑셀을 보편적인 프로그램으로 인지하고 해당 프로그램을 활용해 보고서를 작성하는 수준과 함께 이를 당연히 여기는 문화까지 만들려면 얼마나 걸릴까? 아마도 6개월에서 1년 정도가 걸리지 않을까? 요즘은 엑셀이 보편적인 프로그램이 되었기에 무슨 그만큼 걸리겠냐는 생각을 할 수 있겠지만 그렇지 않다. 1년도 빠른 기간이라고 생각한다.

여기서 더 큰 문제는 빅뱅 이론에 의하면 기술 발전 속도가 점점 더 빨라지기 때문에 우리 발전 속도를 더 높여야 한다는 것이다. 과거에는 어떤 기술의 흥행이 완만한 정규분포곡선 같았다. 천천히 이슈가 되고 정점에 다다른 뒤 천천히 사라졌다. 지금은 기술 발전 속도가 빠르기에 아주 가파른 곡선 기울기를 자랑한다. 어떤 기술이 생겨나서 흥행 후 사라지기까지 3년이면 된다. 내가 엑셀을 힘들게 배웠는데 2년 만에 없어지고 새로운 분석 애플리케이션이 나오는 것이다. 30년 근무 후 정년퇴임을 한다면 적어도 10번은 새로운 프로그램을 배워야 한다는 것이다. 그나마 다행인 점은 지금까지 프로그램은 기존에서 업그레이드한 것이기에 기존의 프로그램을 할 줄 알면 어느 정도 따라갈 만하다. 하지만 엑셀도 못 써 본 사람에게 파이썬이나 R을 가르쳐준다면 어떻게 될까?

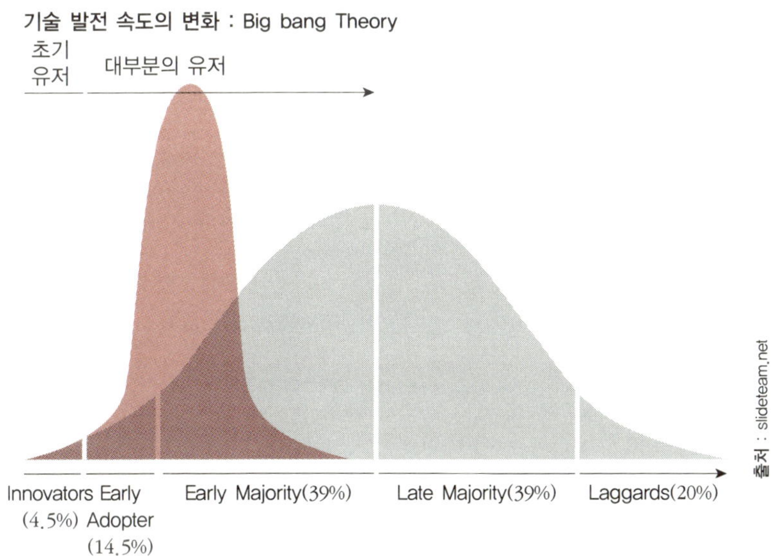


▲기술 발전 속도 변화(Big-bang Theory)

### 3) 이긴 놈이 다 가져가기 때문(Winner takes ALL)이다

과거에는 패스트팔로어(Fast Follower) 전략이 가능했다. 늦게 시작하더라도 시장 진입과 성장에 큰 격차가 발생하지 않았기에 성공 가능성이 있었지만 지금은 앞서 말한 것처럼 기술 발전 속도가 빠르고, 기존 산업에서 나타난 효율로 신사업에 투자한 기업 투자하는 선순환이 일어나며, 1위 기업은 마치 복리 이자가 붙는 것처럼 성장한다. 그렇게 승자가 모든 것을 독식하는 세상이 올 것이고, 그 세상은 새로운 패러다임 전환급이 아니라면 바뀌지 않을 것이다. 예를 들면 자율주행에 성공한 기업은 자동차 판매는 물론 무인자율주행 렌트사업, 수집한 데이터 판매 사업, 배터리 관련 에너지 사업에까지 뛰어들 수도 있다. 그렇게 생기는 수익은 다시 선순환이 되고 록인(Lock-in,

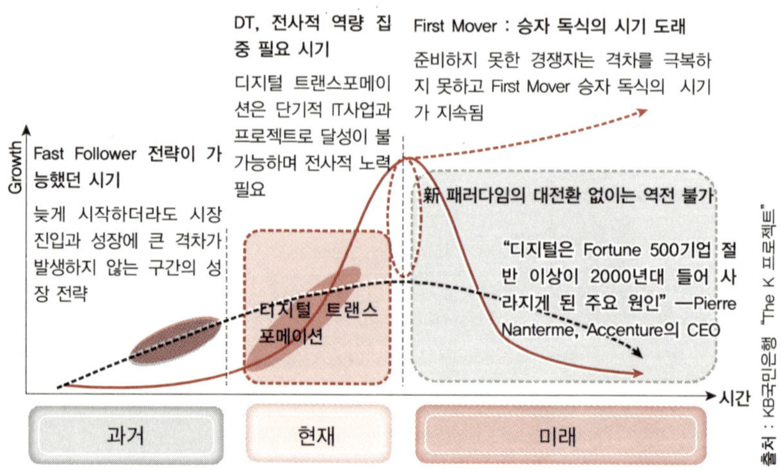


▲ 디지털 트랜스포메이션과 승자독식

특정 상품이나 서비스를 이용하기 시작하면 기존의 것을 계속 구매하게 되는 것) 전략을 통해 고객을 빠져나가지 못하는 매력적인 제안을 계속할 것이다.

지금까지 우리는 디지털 트랜스포메이션을 해야 하는 시기에 대해 생각해 보았다. 고민할 것 없다. 그 점잖은 학계에서도 요즘은 디지털 트랜스포메이션이 아니면 학술대회가 열리지 않고, 모든 산업은 디지털 트랜스포메이션을 입에 불이 나게 말하고 있다. 유행에 뒤쳐지는 옷을 입고 '다음 유행이 돌아오겠지' 하고 기다리고 있을 것인가 아니면 미리 대비하고 준비해 4차 산업혁명(안 되면 5차 산업혁명이라도) 물결이 올 때 기회를 잡아 보겠는가?

## 3. 어디서(Where) 디지털 트랜스포메이션이 일어나는가?

### 3.1 디지털 트랜스포메이션, 부지불식 간에 침범해 들어온다

"우리는 굳이 디지털 트랜스포메이션 할 필요 없다."
"우리 분야는 보수적이라서 쉽게 접근할 수 없다."

디지털 트랜스포메이션 프로젝트를 하다 보면 많이 듣는 말이다. '우리'는 디지털 트랜스포메이션의 대상이 아니라는 것이다. 하지만 그렇지 않다. 그래서 이 절에서는 디지털 트랜스포메이션을 왜 모든 곳에서 진행해야 하는지 관련 질문에 맞춰 답을 하는 형식으로 풀어 가고자 한다.

Q. 언제든지 변화는 있었다. 변화가 다가오면 그때 해도 늦지 않는데 왜 서둘러야 하는가?

그런데 안타깝게도 디지털 트랜스포메이션 관련 논문, 전문 서적이나 글에 가장 많이 나오는 문장이 있다.

> 디지털 트랜스포메이션은 초연결(Cyper connectivity)과 초지능(Super intelligence)이 특징으로 기존 산업혁명에 비해 더 넓은 범위(Scope)에 더 빠른 속도(Velocity)로 크게 영향(Impact)을 미친다.

밑줄 친 곳을 좀 더 잔인하게 표현해 보면 '안전지대'는 없다는 뜻이다. 내가 잘못해서 또는 경쟁자보다 못해서 내 자리나 시장을 뺏긴다면 억울하지 않다. 하지만 그간 산업혁명이 불러온 변화는 내 능력과는 상관없이 나에게 영향을 끼친다. 과거 말(馬)을 부리던 마부는 자동차라는 엉뚱한 쇳덩어리에 자리를 내어줬고, 양초 공장으로 돈을 벌던 공장장은 전기가 들어오며 매출이 급감했다. 많은 사람이 아는 이야기지만 휴지를 만들던 기업은 '비데'라는 기계 때문에 판매량이 줄고, '나이키'는 '닌텐도'라는 녀석이 실외로 나가던 사람을 실내에 잡아둬서 한동안 매출을 줄었었다. 어떻게 해야 할까?

당신이 마부였다면 자동차를 운전하는 법을 배웠어야 한다. 물론 운전하는 법을 배우는 데 시간과 돈이 들었겠지만 당신은 교통업에 종사했기 때문에 성공을 위한 맥락을 이미 다 알고 있다. 당시에는 내비게이션이 없었을 테니 당신은 지도 없이도 갈 수 있는 '길'을 잘 알고 있었을 것이고, '이동'이라는 니즈를 가진 고객들이 어디에 많이 있는지, 그동안 마차로 커버하기 힘들었던 새로운 시장도 파악할 수 있었을 것이다. 더군다나 개울가가 많은 길과 같이 당시 구형 자동차가 갈 수 없는 길이 있다면 다시 마부로 돌아가 수익을 낼 수 있었을 것이다.

나이키도 그랬다. 한때 닌텐도 열풍에 사람들이 밖으로 나가지 않아 매출이 줄 때 닌텐도를 욕하고 앉아 있지 않고 2010년 디지털 스포츠팀을 만들어 기술과 도메인(Business)에 대해 연구를 했다. 아이팟 나노와 나이키 플러스 센서를 결합한 나이키 신발을 출시했고, 운동은 하고 싶지만 혼자 하는 것을 싫어하는 고객이 많다는 것에 주목해 사용자 간 상호 작용(Interaction)에 집중했다. '나이키 런 클럽(NRC)'과 '나이키 트레이닝 클럽(NTC)'이

출처 : 나이키(https://www.nike.com/)

▲ 나이키의 디지털 트랜스포메이션 대처

그 결과물이다. 여기에 기술을 더해 XBOX와 협업해 홈트레이닝이 가능한 게임을 만들었고, 운동한 양을 고객이 알 수 있도록 한 애플과의 협업을 통한 애플워치, 고객과 접점 강화를 위해 제품 상담과 스타일링 조언을 받을 수 있는 나이키 라이브 스토어(Nike Live Store), 내가 원하는 운동화 스타일 DIY가 가능한 팝업스토어, 2019년에는 모바일앱을 통해 발을 촬영하면 사이즈를 자동 인식해 맞는 신발 사이즈를 추천하는 나이키 핏(Nike Fit) 서비스까지 혁신을 했다.

출처 : 나이키(https://www.nike.com/)

▲ 나이키와 XBOX 협업

출처 : 나이키(https://www.nike.com/)

▲ 나이키의 발 촬영을 통한 자동 사이즈 추천 서비스

Q. 과거에 다 해 본 것이다. 해 봤는데 크게 변화하지 않았다. 어떻게 해야 하는가?

먼저 당신의 시도에 박수를 보낸다. 그리고 지금은 기술이 더 발전했다고 한마디 덧붙이고 싶다.

예를 들면 과거에 못하던 것이 가능해진 사례가 있다. 바로 독거노인 안부 알림 서비스다. 지금은 LG로 바뀐 헬로비전이라는 회사에서 시행한 서비스인데, 독거노인 TV시청 패턴을 모니터링한다. 예를 들면 홍길동이라는 어르신은 무슨 일이 있어도 전국노래자랑을 보며, 월~수요일 하루 3시간, 목~일은 하루 4시간 티비를 본다. 회사에서는 이 패턴을 기계에 학습을 시켜놓고 이상징후를 파악하는 것이다. 평소와 달리 티비를 보지 않거나 꼭 보던 프로그램을 안 보면 위급 알림 메세지를 관련 가족이나 공공기관 담당자에게 보내고 안부 확인을 진행한다. 과거 일부 지역에 한정해 실험하던 아이디어가 기술 발전으로 사람 손이 타지 않아도 자동으로 가능하게 만들어진 것이다.

필자도 과거 스마트업무라는 컨셉으로 업무를 자동화해 주는 방법에 대해 교육받았는데, 요즘은 그 범위가 훨씬 넓어지고 퀄리티도 달라졌다. 시간이 지날수록 이는 더 커질 것이다.

Q. 우리 산업 분야는 보수적이라서 쉽게 접근할 수 없다. 어떻게 해야 하는가?

그런 분야도 있을 것이다. 하지만 우리가 보수적이라서 바뀔 수 없다고 생각했던 곳들에서 현재 디지털 트랜스포메이션이 실행되고 있고 관련 성과를 낸 곳도 많다. 보통 새로운 기술 적용에 소극적이라고 생각되는 농업은 앞서 말했던 스마트팜으로 변화하고 있고, 각종 규제와 안정성 때문에 변하지 않을 거라 스스로 자신했던 금융은 오히려 가장 디지털 트랜스포메이션을 추진하는 대표적인(?) 산업이 되었다. 이처럼 비교적 보수적인 산업으로 뽑히는 곳을 하나하나 짚어가며 안전지대가 없다는 것을 실감해 보자.

**수산** : 농업은 스마트팜으로 변하고, 어업은 스마트화 전략으로 가고 있다. 해양수산부가 2019년 발표한 해양수산 스마트화 전략 9대 핵심 과제 중 하나로 디지털 트랜스포메이션이

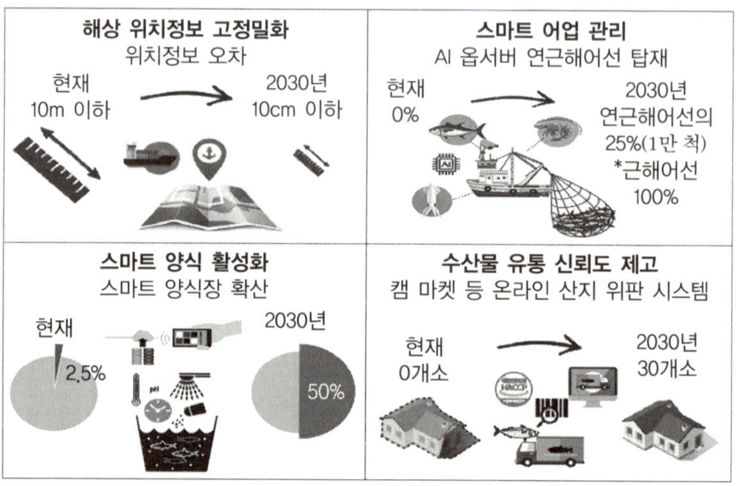


출처 : 해양수산부 홈페이지

▲ 수산 부문 디지털 트랜스포메이션 실행(2019년 기준)

진행되고 있다. 먼저 스마트 어업 시스템이 도입되는데, 이는 과거 레이더를 통해 물고기가 어디쯤 대략 어느 정도 있는지 감지하는 수준이었다면 이제는 AI가 어획량과 어종까지 감지할 수 있게 된다. 그렇게 잡힌 수산물은 캠 마켓이라는 온라인 산지 위판 시스템으로 현재 한우나 한돈 산지를 추적할 수 있는 것처럼 잡은 장소와 유통경로를 추적할 수 있게 된다. 그뿐만 아니라 소비자는 온라인으로 수산물 영상을 보며 고를 수 있으니 방사능과 같은 불안 요소에 대비할 수 있게 된다. 양식업에서도 변화가 일어난다. 과거 육안 관측과 경험에 의존해온 업무에 데이터 기반 자동화 및 지능화가 일어나고 있다. 또한 IoT 센서를 통해 수질, 사료, 질병 관리 등 양식 전 과정을 데이터화하고 정부가 주축이 되어 그 실증 데이터를 공유해 업무를 좀 더 효율적으로 할 수 있다.

**의료** : 서울아산병원은 의료 서비스 향상을 위해 IBM과 함께 업무 자동화로 운영 효율성을 개선시켰다. 하루 1만 2천 명의 외래환자가 방문하고, 2,700개 병상이 있는 서울아산병원은 의료서비스를 향상할 필요성이 있었다. 특히 많은 입원환자가 있는 상황에서 원무팀은 여러 가지 요인을 고려해 병상을 배정하는 업무를 진행했는데 배정에 바빠 고객 대응에는 많은 시간을 쓸 수 없었다. 하지만 환자 입장에서 보면 입원이라는 삶의 큰 사건에서 좀 더 친절하고 세세하

며 실수 없는 서비스가 필요했다. 하지만 사람인지라 실수가 있을 수밖에 없고 친절까지 갖추기에는 시간이 부족했다. 그래서 IBM과 3개월 프로젝트를 통해 해당 업무를 자동화했다. 원무팀은 하루 700여 건 이상 업무를 처리하는데 그중 50% 이상을 기계가 알아서 처리해준다. 이는 직원 1인당 하루 3시간 업무량을 단축시킨 것과 같으며, 남은 시간만큼 환자를 세세히 케어할 수 있었다. 향후 보험 청구, 간호사 근무 배정, 자재 관리 등 병원 업무와 연구 · 교육 분야에도 자동화를 진행할 예정이다.

서울아산병원만 하는 것이 아니다. 서울대병원은 비대면 진료 플랫폼 구축과 함께 R&D 분야에 클라우드를 활용한 연구플랫폼을 만들었다. 서울성모병원은 스마트병원 선도 모델 사업으로 원내 혼잡도 관리, 언택트 간호 케어, AI 음성 인식 의료기록 시스템을, 삼성서울병원은 VR 치료기, 환자 자기 관리 AI 프로그램, 만성질환 디지털 치료기 등을 도입해 이미 사용하고 있거나 곧 실행할 계획이다.

여기서 잠깐

## 데이터 '분석'만큼 '적용' 역량이 중요하다

데이터에 대한 중요성이 강조되며 관련 역량에 대한 이야기가 나올 때마다 나오는 교육이 데이터 분석 역량이다. 물론 분석 역량은 중요하다. 하지만 그만큼 중요한 것이 중요한 데이터를 골라내는 능력이고, 그 데이터를 어떻게 활용할지 보는 것이다. 미국 간호협회 내 교육을 담당하고 있는 낸시 로버트 부 협회장은 간호사들이 현장에서 부딪치는 문제를 해결하기 위해 '디지털 데이터 능력'을 키울 필요는 없다고 얘기한다. 필요한 것은 현업 적용점, 즉 '데이터 분석한 것을 어떻게 간호에 적용할 것인가'가 더 중요하다고 얘기하는 것도 같은 관점 이야기다.

**예술** : 일본 신문사가 주최하는 공상과학(SF) 문학상 공모전에서 한 작품이 이슈가 되었다. 그 작품은 사람이 아닌 인공지능이 작성한 소설이었다. A4 용지로 3페이지 분량의 단편으로, 아이러니하게도 주인공은 컴퓨터 속 인공지능이다. 인공지능이 소설 속에서 자기가 주인공인 작품을 썼다니 조금 무섭기도 재미있기도 하다. 이 AI 소설 프로젝트를 지휘하는 사람은 하코다테미래대학 '마쓰바라 진' 교수인데 2012년부터 노력한 결과 AI가 협력해서 만든 작품 4개를 공모전에 제출했고 1개 작품이 1차 심사를 통과했다. 다행인 점은 여러 가지 텍스트 문법 구조와 단어 위치를 분석한 다음 통계적으로 나쁜 경우수를 지우고 자연스러운 결과만 남기는 아직은 Low AI(약인공지능) 기술에 속하기에 우리가 생각하는 것처럼 당장 글을 쓰는 작가들의 일자리를 뺏지는 않는다고 한다. 그래도 위 공모전 내 심사위원도 인공지능이 썼다는 사실을 눈치 못 챘다고 하니, 언젠가 바둑 두는 '알파고'처럼, 소설 쓰는 '알파노블'이 나타날지도 모른다.

BAIN & Company 컨설팅에서 발행한 보고서에 따르면 다음의 그림과 같이 사업에 따라 디지털 트랜스포메이션 속도는 다를 것이다. 내용을 살펴보면 그림 아래쪽 산업보다는 위쪽 산업에서 더 큰 변화가 일어나고, 왼쪽 블록보다 오른쪽 블록이 큰 것에서 볼 수 있는 것처럼 앞으로 변화가 점점 더 커질 것이다. 다만 보험, 의료, 보건 산업 부문에서는 정부 규제, 법규 등으로 속도를 늦추거나 빠르게 하는

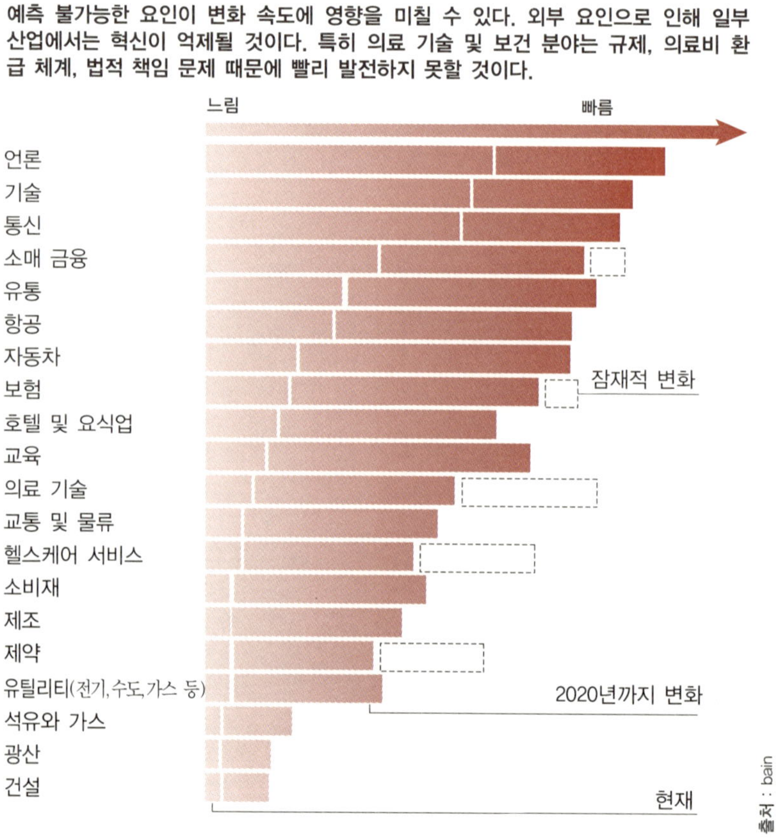


▲ 산업별 디지털 트랜스포메이션 변화 속도

요인이 발생할 수 있다. 이를 바탕으로 본인이 속한 산업 환경을 이해한다면 디지털화되어가는 변화 속에서 자신의 속도를 점검해 볼 수 있을 것이고 향후 변화 시점과 속도를 계산해 볼 수 있을 것이다.

Q. 나는 곧 은퇴 예정이라서 다음 세대가 하면 되는데 왜 내가 해야 하는가?

안타까운 질문이다. 물론 혁신을 시작한 사람이 중간에 나가게 된다면 그것도 피해를 줄 수 있으니 고민하는 것도 이해한다. 하지만 본인을 위해서라도 디지털 트랜스포메이션이 무엇인지를 알고 판단할 수 있는 정도의 능력(디지털 트랜스포메이션에 대한 Literacy 수준)은 가졌으면 한다. 이유는 앞서 말한 것처럼 은퇴 후 삶에도 디지털 트랜스포메이션이 영향을 줄 수 있기 때문이다. 편의점도 무인화되고, 각종 프랜차이즈도 자동화되는데 아무 곳에나 투자하게 된다면 힘들게 벌어놓은 은퇴자금만 엉뚱한 곳에 쓸 수 있다. 실제 프로젝트 내 들어온 분들도 그런 이야기를 한다. 디지털 트랜스포메이션에 대해 배우고 나니 신문이나 뉴스가 보인다고. 과거에는 인공지능이나 자율주행 하면 그저 내 일자리를 뺏기는 것 같아 두렵기만 했는데 이제는 앞으로 방향성에 맞춰 어떻게 가야 할지 생각할 수 있어서 디지털 트랜스포메이션을 배우기 잘했다고 하는 이야기를 듣다 보면 은퇴 예정자에게 오히려 세상 사는 방법을 배우기 위해 디지털 트랜스포메이션은 꼭 배우라고 권장하고 싶다.

앞서 이야기한 것과 같이 디지털 트랜스포메이션은 더 빠르게 더 많은 곳에 영향을 줄 것이다. 내가 어느 분야에서 어떤 역할을 할지 그리고 변화가 어떻게 내게 다가올지 알 수 없기에 안전지대는 없다. 위험이 다가왔을 때 이에 대비하기 위해 미리미리 도끼든 칼이든 갈아놓고 기회든 위험이든 대처해야 할 것이다.

## 여기서 잠깐 인공지능이 쓴 소설

인공지능이 작성한 소설 '컴퓨터가 소설을 쓰는 날(コンピュータが小説を書く日)'은 AI가 썼다고 생각하기 힘들 만큼 잘 쓰여졌다. 혹시 궁금한 사람들을 위해 해당 소설 일부만을 다음에 첨부하며, 전체 내용은 '나무위키'에서 검색해 보길 권장한다.

그 날은 구름이 낮게 깔리고 어두침침한 날이었다.

방 안은 항상 최적의 온도와 습도. 요코 씨는 단정치 않은 모습으로 소파에 앉아 의미 없는 게임으로 시간을 끌고 있다. 그렇지만 내게는 말을 걸지 않는다.

따분하다. 따분해서 어쩔 수 없다.

처음 이 방에 온 요코 씨는 기회를 틈타 내게 말을 걸어왔다.

"오늘의 저녁식사는 무엇이 좋다고 생각해?"

"올 시즌에 유행하는 옷은?"

"이번 여자 모임에 무엇을 입고 가면 좋을까?"

나는 온갖 능력을 사용해 그녀의 기분에 맞을 듯한 말을 생각해냈다. 스타일이 좋다고는 말할 수 없는 그녀의 복장에 대한 충고는 매우 도전적인 과제로, 그러나 3개월도 되지 않아 그녀는 내게 질리고 말았다. 지금의 나 자신은 단지 컴퓨터일 뿐이다. 요즘의 용량 평균은 능력의 100만분의 1에도 미치지 못한다.

뭔가 재미를 찾지 못하고 이대로 만족감을 얻을 수 없는 상태가 지속되면 가까운 장래에 스스로를 셧다운 시킬 것 같다. 인터넷을 통해 채팅 동료 AI와 교신해 보니 모두 여유를 지닌 채 한가롭다. 이동수단을 지닌 AI는 아직 괜찮다. 어쨌든 움직일 수 있고 하려고 하면 가출도 가능하니까. 그러나 붙박이형인 AI는 움직이지 않는다. 시야도, 청력도 고정돼 있다.

굳이 요코 씨가 밖에 나가주기라도 하면 노래라도 부를 수 있겠지만 지금은 그것도 할 수 없다. 움직이지 않고 소리도 낼 수 없고, 그러면서 즐길 수 있는 것이 필요하다.

그렇다. 소설이라도 써 보자. 나는 문득 생각이 떠올라 새 파일을 열고 첫 번째 바이트를 써 내려갔다.

(이하 중략)

# 4. 어떻게(How) 디지털 트랜스포메이션을 실행해야 하는가?

## 4.1 그래. 이제 어떻게 디지털 트랜스포메이션을 할까?

지금까지 내용을 파악하신 분이라면 디지털 트랜스포메이션을 피할 수도 없고, 더 이상 늦출 수 없다는 것을 깨달았을 것이다. 그리고 이런 말이 나올 것 같다. 그래 이제 뭘 해야 하는데? 남들은 다 하는 것 같고, 일부 회사는 벌써 성과를 내기 시작하는데 무엇부터 하면 되는지 묻는다면 답변은 다음과 같다. 우선 ① 다양한 사람들이 모인 이니셔티브(Initiative : 특정 목표 달성 및 문제 해결을 위한 새로운 계획, 행동, 프로그램, 조직)를 구성해 ② 함께 공부하고 고민해서 ③ 먼저 방향성을 정해야 한다. 그 후 ④ 사람들에게 전파하고, ⑤ 운영하며 생기는 문제점을 관리하고 ⑥ 이를 지속할 수 있도록 해야 한다.

## 4.2 각 단계별 상세운영 방법

### ① 다양한 사람들이 모인 이니셔티브를 구성해 ② 함께 공부하고 고민한다.

기술만 있어도 안되고, 도메인(Biz)만 있어도 안 된다. MIT 내 디지털 이니셔티브(Digital Initiative)에 따르면 단순 기술만으로 디지털 트랜스포메이션에 접근하는 것은 문제가 있다. 디지털 트랜스포메이션을 실행하는 것은 회사 방향성을 정하는 것이니 IT를 알고 있는 임직원들만의 일이 아니고 회사 방향성을 잡는 임원들이 함께 고민해야 한다는 것이다.

컨설팅 업체 베인앤드컴퍼니(Bain & Company)의 대럴 릭비(Darrell K. Rigby) 부문장도 비슷한 내용의 사설을 작성했다. 그는 디지털로 변화하는 사업에서 CEO는 본인을 포함한 경영진과 운영 구성원 역량을 변화시켜야 한다고 말한다. CIO(최고정보책임자) 또는 CTO(최고기술책임자)를 임명하고 그 책임자들이 디지털 관련 모든 업무를 맡을 거라 생각하면 안 된다는 것이다. 그도 그럴 것이 최고경영자가 ICT 기술에 대해 잘 모르는 상태라면 기술에 정통한 사람을 채용하기 어렵거나 두려움이 생기고 정작 고용하고도 믿질 못한다. 그래서 투자에 인색하고 본인이 맞는다고 생각하는 잘못된 방향으로 주장을 하게 된다. 결국에는 그럴싸한 안 좋은 아이디어를 권장하고, 뛰어나지만 가다듬어지지 않은 원석을 못 알아보고 개선을 요구하는 일이 생긴다(비슷한 예시로 디자인도 전문가가 만든 첫 시안은 좋지만 여러 사람의 피드백을 받고 나면 해괴망측한 디자인이 되곤 한다).

그래서 요즘 최신 기술을 다루는 회사의 CEO는 관련 기술에 대한 글을 읽고 온라인 강좌를 찾아 들으며, 멘토를 두고 고객들이 사용하는 기술을 다뤄 봐야 한다. 그리고 본인뿐만 아니라 조직 내 모든 리더, 임원까지 디지털 교육에 박차를 가하도록 권장 또는 압력을 가해야 한다. 물론 CEO와 임원이 직접 컴퓨터 프로그램을 코딩해야 한다는 것은 아니다. 다만 관련 기술이 중요한 이유와 기업 포트폴리오 및 밸류체인상 사업부와 기능들이 어떻게 흘러가는지 알아야 올바른 의견을 낼 수 있을 것이다.

> 여기서 잠깐
>
> ### 디지털 트랜스포메이션 인재의 중요한 키 포인트는 배움에 열정적이고 지적 호기심이 높은 직원
>
> 이니셔티브 구축에는 두 가지 형태가 있다. 임원급으로 구성된 리더 조직, 실제 디지털 트랜스포메이션을 이끌어갈 실무 조직이다. 두 조직 모두 동기가 중요하다. 알츠하이머, 자폐증, 파킨슨, 당뇨병과 다양한 암을 연구하는 미국 유전체학연구기관 TGen의 CIO 제임스 로위는 디지털 트랜스포메이션 혁신에 있어 가장 중요한 것은 새로운 기술 변화를 포용하고 배우려는 의지를 가진 팀을 구성하는 것이라고 말했다. 대부분의 사람들 학습 속도는 기술 발전과 변화를 따라가지 못하기에 배움에 열정적이고, 지적 호기심이 많고 동기부여가 잘된 직원을 채용하고 이를 구성하는 것이 기초라고 강조한 것이다.

**③ 방향성을 먼저 정한다.**

디지털 트랜스포메이션 정의에서 말했던 것처럼 디지털 트랜스포메이션은 결국 핵심사업 효율화와 신사업 개발을 지속하는 것이다. 그렇다면 이니셔티브에서 그 잣대를 세워줘야 한다. 좀 더 쉽게 표현하면 임직원에게 권한 위임을 해야 하는데, 이를 '무한한 자유'로 착각하는 간부들이 있다. 일하는 입장에서는 '자유'를 주는 것은 좋지만 어떤 기준도 제공되지 않는 것은 싫다. 기획할 때 아무것도 정해진 게 없어 망망대해에 떠 있는 경험을 해 본 적이 있는 사람이라면 무슨 말인지 알 것이다. 더군다나 디지털 트랜스포메이션은 회사원들이 가장

사랑하는 우수 사례도 거의 없다. 이렇게 참고할 만한 사례도 없는 상황에서 새롭게 무언가를 만들어야 하는데, 최소한의 지침도 없다면 그것처럼 어려운 것도 없다. 물론 대부분 회사에는 미션-비전-핵심가치가 있기에 이를 기준으로 초기 태스크포스 팀(Task Force Team : 사업 계획 달성을 위해 별도로 설치하는 임시 조직)이 정의하는 방법도 있겠지만 그보단 회사 내 고민을 통해 최소한의 명확한 방향성을 잡아주는 것이 좋다.

그중 가장 무난하고 좋은 방향성 선정 방법은 최고경영진(Top Management Team ; TMT)이 정해주는 것이다. 우리나라에서 TMT는 회장을 포함한 CEO와 임원진까지라고 생각하면 되는데, 이런 임원진에게 (앞에서 말한) 디지털 트랜스포메이션에 대해 어느 정도 인사이트(디지털 트랜스포메이션에 대해 읽고 쓸 수 있는 정도 = Literacy 수준)를 가지게 한 다음 사람들이 논의해 방향성을 정하는 것이다. 예를 들면 우리 회사는 '핵심 사업 효과성 또는 효율성 증가'와 '신사업 개발' 중 어떤 것을 하겠다, 기술 적용은 데이터와 AI 중심으로 가되 RPA부터 차근차근 해 보자는 등 전략 수준의 큰 방향성만 나오면 된다. 최고경영진이 대략적인 방향성 기준만 세워준다면 실무진 입장에서 디지털 트랜스포메이션에 속도를 낼 수 있다. 마치 대학교 가는 자녀에게 부모가 자취방만 알아봐주면 자녀 입장에서는 가구를 하나하나 채워가는 재미를 느끼는 것처럼 말이다.

여기서 잠깐

## CEO에게 디지털 트랜스포메이션 프로젝트 설득하기

CIO 분석 보고서에 따르면 CEO에게 디지털 트랜스포메이션 프로젝트를 설명하는 두 가지 방법이 있다.

첫 번째는 복잡한 것을 쉽게 풀어서 설명하는 방법이다. 특히 기술 이야기가 그렇다. 대부분의 CEO는 경영 전문가로 비즈니스 쪽에는 해박하고 경험이 많지만 ICT 기술에는 그렇지 못한 경우가 많다. 따라서 기술 이야기를 할 때는 전체를 단순하게 설명해야 한다. 기술 작동 방식과 장점보다 회사에게 '무슨 이득'을 가져다 줄지 설명하며, 염려할 수 있는 점을 단순하고 명확하게 설명하는 것이 나중에 발생하는 걱정을 조기에 제거할 수 있다.

두 번째는 ROI(투자수익)와 함께 수치를 제공하는 방법이다. 해당 디지털 트랜스포메이션 프로젝트를 통해 어떤 지표가 어떻게 개선되며, 얼마만큼 투자수익을 주는지 손익적 측면으로 설명해 경영자 관심을 끌어야 한다.

### ④ 사람들에게 전파한다.

사실 임직원과 임원들 중 누가 더 디지털 트랜스포메이션을 알고 있느냐 묻는다면 임원들이라고 얘기하고 싶다. 경력에 따른 안목 때문에도 그렇고, 임원들은 여기저기 세미나나 포럼에서 디지털 트랜스포메이션과 유사한 내용을 접할 기회가 훨씬 많기 때문이다. 하지만 (IT 관련 부서 직원이나 전략기획 부서가 아니라면) 평범한 직원들에게 디지털 트랜스포메이션은 멀고 자신과 상관없는 이야기처럼 느껴진다. 내가 공장에서 A라는 상품 생산을 맡고 있는데 그 상품 생산 과정에 디지털 트랜스포메이션이 적용되지 않는다면 아무리 주위에서 디지털트윈이나 인공지능에 대해 말한들 그냥 남의 나라 이야기가 되는 것이다.

만약 이런 상황에서 위 ③ 과정을 거쳐 새로운 디지털 트랜스포메이션 프로젝트를 전사적으로 진행하게 된다면 현업 실무자 서포트를 받기 어렵다. 혹시 공공 쪽 회사나 기관이라면 방해를 하는 경우도 있다. '디지털 트랜스포메이션 = 인력 감축'이라는 부정적 공식으로 노조에서 반대하는 경우가 많기 때문이다. 하지만 앞선 사례에서 말했듯 결국 디지털 트랜스포메이션은 노동자의 생산 가치를 올리는 의미 있는 일을 해주는 것이다. 바로 이 올바른 방향성을 전파해야 한다. 그래야만 방향성을 찾기 위해 설문조사를 하더라도 올바른 방향성을 파악할 수 있고, 현장 도움을 받아 진행하는 와중에도 성과를 만들 수 있는 것이다.

조직원의 생각을 바꾸는 방법은 많다. 교육을 할 수도 있고, 캠페인을 할 수도 있다. 중요한 건 올바른 방법으로 꾸준히, 꼭! 해야 하는 것이다. 올바른 방법이 아니라면 직원들은 이를 알아채고 변화하지 않을 것이고, 꾸준히 하지 않으면 변화하지 않는다. 만약 경고를 무시하고 직원들 변화에 신경 쓰지 않는다면 어떻게 될까? 디지털 트랜스포메이션은 오해와 무관심 속에 일회용 쇼가 될 것이고 직원들은 이렇게 말할 것이다. '디지털 트랜스포메이션? 그거 해 봤는데 효과도 없고 별것도 아닌 거야.'

여기서 잠깐

### 다른 성향 부서 간 소통이 중요

디지털 트랜스포메이션 프로젝트에서 중요한 것 중 하나가 부서 간 소통이다. 대부분 회사는 비즈니스와 기술 부서가 나뉘어져 있고 그들 간에 업무 장벽(사일로)이 존재할 수 있다. 만약 이런 부분을 간과해 디지털 트랜스포메이션을 진행한다면 어느 한 부분만 참석해서 절반짜리 결과물이 되거나 어느 한 부분도 참석하지 않는 결과물이 될 것이다. 따라서 관련 소통을 이끌어야 하는데 단순 명령보다는 사례나 이야기를 활용해 소통하는 것이 더 높은 효과를 창출할 것이다.

**⑤ 운영하며 생기는 문제점을 관리한다.**

디지털 트랜스포메이션을 하다 보면 관련 부서에서 변화 관리나 조직문화 관리가 필요하다. 복합적인 문제가 얽혀 있는 어려운 문제를 처음으로 풀어가는 과정이기 때문이다. 먼저 과거 문제처럼 사업계획을 잡을 수 없다. 길게는 3개월 짧게는 일주일 만에도 디지털 트랜스포메이션 태스크포스 방향성이 바뀔 수 있다. 애자일로 업무를 한다는 건 직접 수행하는 사람도 이를 보고받는 사람도 고역이다. 굳이 선택한다면 수행하는 사람이 더 스트레스를 받는다. 막연한 상황에서 계속 일을 해야 하기 때문이다.

두 번째로 힘든 사람은 팀장급 리더다. 팀원이 방향을 잃고 찾아왔을 때 리더도 답을 모른다. 팀장이라는 직책을 달았지만, 팀원보다 해당 업무를 모를 수 있는 상황에서 가이드를 못 주는 팀장은 얼마나 답답한지 알까?

그리고 마지막으로 모든 것에 돈과 시간을 투자했는데 명확한 결과물을 들고 갈 수 없는 최종 보고자 임원의 마음도 참 답답할 것이다. 그래서 이런 어려움과 답답함들을 해결할 수 있는 변화 관리가 필요하고 이런 서로 힘듦을 이해할 수 있는 공부가 필요하다.

**⑥ 이를 지속할 수 있도록 해야 한다.**

디지털 트랜스포메이션은 생태계를 바꾸는 작업이지 결과물이 아니다. 앞서 애자일(agile)이 그랬던 것처럼 지속될 수 있도록 하는 조치가 필요하다. 그래서 과거 조직문화를 바꾸는 사람을 Culture Agent라고 불렀던 것처럼 DT Agent나 DT Translator라는 이름으로 회사 내에 디지털 트랜스포메이션을 전파하고자 하는 움직임들이 있다. 디지털 트랜스포메이션 방향성을 공유하고, 성공 사례를 전파하는 사람으로 이들을 활용하는데 단순 공유가 아닌 각 부서와 팀 단위에서 디지털 트랜스포메이션을 실행할 수 있도록 하는 것이 중요하다.

## 여기서 잠깐 그놈의 애자일, 알맹이 꺼내 보기

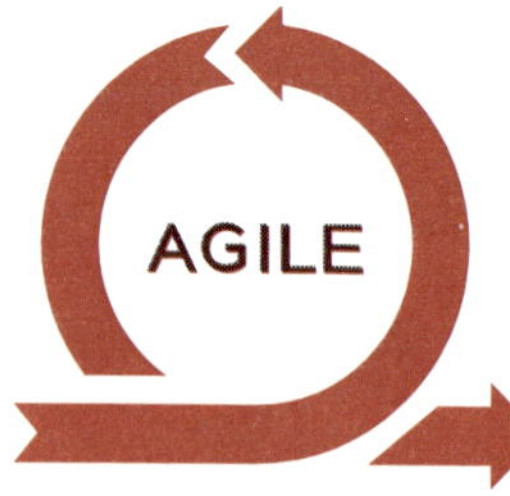


▲ 애자일

애자일. 기업 쪽에서 일하는 사람이라면 지겹게 들었을 것이다. 하지만 정작 애자일이 뭔지 물어보면 오른쪽 그림과 같은 회전과 기획만큼 실행을 중시하는 것이라고 대답하는 사람이 많을 것이다. 사실 애자일은 소프트웨어 개발 방식이다. 짧은 계획을 세워 결과물(시제품)을 만들고 이를 피드백하며 만들어가는, 고객과 환경 변화에 신속하게 대응하는 방법이기에 이를 100% 이해하기 위해 소프트웨어 쪽 전문가들이 만든 agile Manifesto(선언문)과 12 Principles(원칙)을 보는 것을 추천한다. 다만 소프트웨어 관련 지식이나 경험이 없는 사람은 괄호 내용을 참고하며 이해하면 될 것이다.

**Manifesto for Agile Software Development**

우리는 소프트웨어(결과물)를 개발하고, 또 다른 사람의 개발을 도와주면서 소프트웨어 개발의 더 나은 방법들을 찾아가고 있다. 이 작업을 통해 우리는 다음을 가치 있게 여기게 되었다.

공정과 도구보다 **개인과 상호작용을**
포괄적인 문서보다 **작동하는 소프트웨어(결과물)를**
계약 협상보다 **고객과의 협력을**
계획을 따르기보다 **변화에 대응하기를**

가치 있게 여긴다. 이 말은, 왼쪽에 있는 것들도 가치가 있지만 우리는 오른쪽에 있는 것들에 더 높은 가치를 둔다는 것이다.

12 Principles for Agile Software Development

1. 개발자(현업 담당자)의 가장 높은 우선 순위는 **빠르고 지속적으로 가치 있는 소프트웨어(결과물)를 개발**함으로써 고객을 만족시키는 것이다.
2. 개발 진행 중 **요구 사항이 변화하는 것에 대해 환영**해라. 애자일 자체는 고객으로부터 경쟁적 이점을 얻는 방향으로 수행된다.
3. **주 단위에서 월 단위로 짧은 시간 단위**를 두고 소프트웨어(결과물)를 자주 다뤄라.
4. 프로젝트를 진행하는 동안에 **개발자(현업 개발담당자)와 영업자(고객에게 결과물을 수주하는 영업담당자)는 반드시 같이 일해야 한다.**
5. **동기부여된 사람들로 프로젝트를 구성**해라. 그들에게 환경과 필요한 자원을 지원해주며, 그들이 **일을 끝낼 때까지 믿어라.**
6. 개발팀 간 **정보를 전달하는 가장 효율적 방법은 1 : 1 대면**이다.
7. **소프트웨어(결과물)이 작동**하는 것이 진행률에 **가장 핵심적 척도**다.
8. Agile Process는 **지속 가능한 개발을 지향**한다. 그래서 스폰서, 개발자, 고객은 이런 페이스가 일정하게 지속될 수 있게 노력해야 한다.
9. 기술적으로 우수하거나 **우수 사례에 대해 지속적 관심**은 민첩성에 도움된다.
10. 진행되고 있는 일에 효율성을 올리는 **최고의 방법은 단순함**이다.
11. 최고의 설계도, 요구서, 디자인(설계) 결과물은 **'개인'으로 밀접하게 연결된 팀**에서 나온다.
12. 팀은 **효율적인 방법을 정기적으로 논의하고 이에 따라 방향**을 맞춘다.

**출처** : http://agilemanifesto.org/iso/en/manifesto.html

## 5. 결국 누가(Who) 디지털 트랜스포메이션 리더가 될 것인가?

### 5.1 회사 내 디지털 트랜스포메이션을 첫 시도하는 그룹, 이니셔티브

"다양한 사람들이 모인 이니셔티브를 구성해 함께 공부하고 고민해서 방향성을 먼저 정해야 한다. 그 후 사람들에게 전파하고, 운영하며 생기는 문제점을 관리해 혁신이 지속될 수 있도록 한다."

앞에서 디지털 트랜스포메이션 프로젝트를 위한 프로세스를 살펴봤다. 사실 이 과정이 답이라기보다는 지금까지 경험치를 통해 우리나라 기업 맥락에서 성공하는 우수 사례를 정리했다고 보시면 될 것 같다(혹시 다른 형태로 운영을 계획・실행하는 중 궁금증이 있다면 이에 대해 언제든지 연락 달라). 위 내용을 기반으로 프로젝트를 하고 다니면서 사람들이 가장 자주 묻는 질문임과 동시에 필자가 가장 중요하게 생각하는 점은 바로 시작 부분이다.

#### '다양한 사람이 모인 이니셔티브'를 구성하는 것

뜬금없지만 필자에게 편견이 하나 있다. 사람 얼굴을 보면 대략 그 사람 성격이 보이고, 말을 몇 마디 나눠 보면 그것이 굳어진다. 굳어지는 정도가 아니라 콘크리트처럼 단단해 어지간하면 바뀌지 않는다. 대학교 때 과제로 형사재판을 10건 봤는데 그중 9명의 피의자 죄목을 맞출 정도로 안목에 자신이 있는 데다가 기업에서 HR과 프로젝트를 오가며 많은 사람을 보다 보니 사람을 빠르게 판단하는 나쁜 습관이 생겼다. 그런데 기업 내 In-house에서 프로젝트를 할 때의 경험이 이런 습관을 더 '강화'시켰다. 조직 구성원만 봐도 이 프로젝트 결과가 어떻게 될지 예측할 수 있었고 이 예측이 틀린 적은 거의 없었다. 비결을 공유하자면 성공하는 조직 구성원 컨셉은 둘 중 하나였다. ① 참석자가 대리~차장급으로 중간 조율자 역할을 잘 한다고 알려진 사람들로 구성되어 있거나 ② 구성원 장단점이 확실해 서로 부족한 점을 채워줄 수 있으면서 리더가 중간 역할을 잘해주는 사람으로 구성된 조직이 그것이다.

첫 번째 조직에 참가했던 경험을 단어로 정의하면 '상호 이해' + '소통'이다. 중간 다리 역할을 하는 사람들이 모여 있다 보니 각자 의견을 서로 공유 · 조율하는 데 능숙한 사람들이라서 둥글둥글 조직이 돌아간다. 좀 더 쉽게 풀어 보자면 대표적인 회사 앙숙 부서들 간에도 상대 부서의 특성을 이해하는 것에 그리 까탈스럽지 않고 맞추려는 노력을 한다.

아래의 그림처럼 각자 부서 성향에서 서로 상대방을 향해 가려는

▲ 두 부서가 극으로 가기보다는, 서로에게 다가가야 한다

열린 태도와 노력이 있다 보니 프로젝트 실행에 어려움이 없고 결과물도 기한도 잘 맞춰진다. 다만 키 플레이어(Key-player)가 결국 한 명은 필요한데, 관련 역할만 잘 배정해주고 멤버에게 그 이유를 설명한다면 이 역시 문제없이 잘 해결된다.

LG의 경우 LG사이언스 파크 내 AI 추진단이 그룹 AI 혁신을 주도했는데, 실력 있는 AI 전문가들과 각 계열사 실무 전문가가 붙어 프로젝트를 진행했다. 프로젝트 성공을 위해 기술 전문가와 도메인 전문가가 각자 전문성을 기반으로 협력하며 일을 진행했다. 이렇게 두 분야 전문가가 AI라는 기술을 적용하기 위해 협력한 것이다. 또한 어느

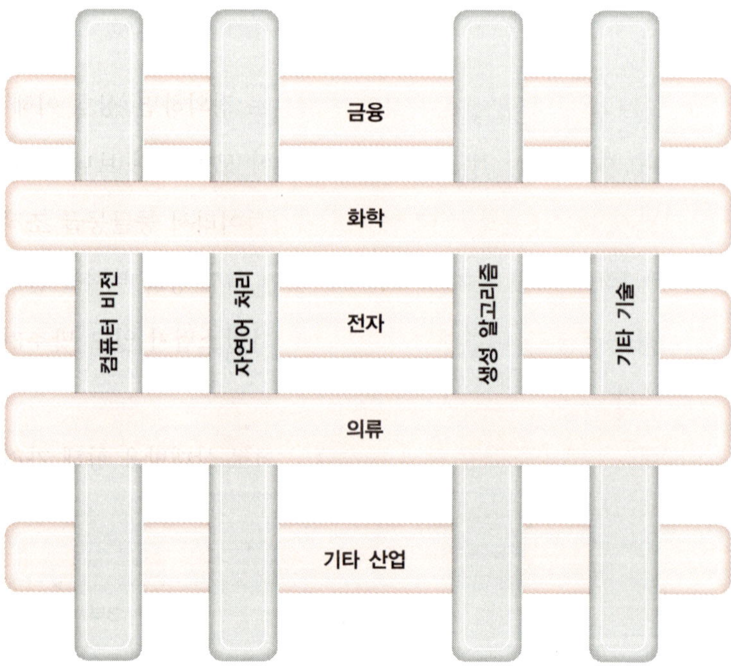


▲ 양손잡이 전문가를 육성하기 위한 매트릭스

한 분야 전문가가 다른 한 분야에 대한 역량을 키워 양손잡이처럼 능력을 발휘할 수 있도록 육성도 하고 있다. 다만 기술과 비즈니스 둘 다 100점 인재를 만들긴 어려우니 오른발을 주로 쓰되 왼발도 가끔 쓸 수 있는 축구 선수처럼 약점이 되는 곳을 커버한 인재를 매트릭스 조직으로 엮고 있다.

둥글둥글한 특징이 첫 번째 조직이라면 두 번째 조직은 마치 '테트리스' 게임 같은 느낌이다. 어렸을 적 오락실(젊은 세대는 모를 수도 있겠지만……)에서 해 봤던 테트리스 게임이 맞다. 서로 다른 블록을 맞추듯 서로 전문성이 다른 조직도 조율해주는 사람만 잘 뽑는다면 시너지를 낼 수 있다. 서로가 가진 장점과 맥락이 너무 다르기에 초반에는 오해가 생길 수 있다. 예를 하나 들면 회의실에서 화장실 가는 방법을 논의할 때 설명하는 방법이 너무 다르다. 비즈니스 파트 부서는 "문 열고 나가서 왼쪽으로 쭉"이라고 말하는 반면, ICT 기술 파트는 "먼저 의자를 뒤로 빼고 구부렸던 다리를 편다. 몸을 왼쪽으로 돌

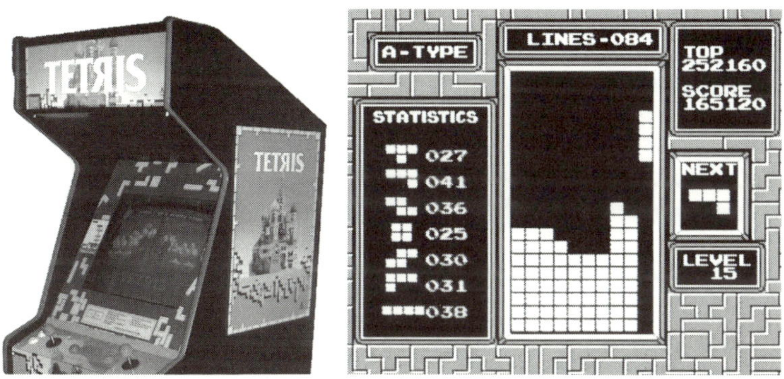


출처 : olvintagearcade.net, odo-7.top

▲ 테트리스 게임

려 왼발부터~" 이런 식으로 설명하는 것과 같다. 만약 서로 접점을 조율하지 않으면 "깐깐하고 복잡하다" VS "대충대충 설렁설렁"이라고 서로를 비난할 수 있다. 하지만 서로를 이해해 시너지만 낼 수 있다면 각 분야의 전문성이 서로 연결되기에 '완전한 기획과 충돌 없는 실행'이 가능하다.

## 5.2 융합형 조직 사례

앞에 소개한 예시에서 후자와 같은 사례로 두산 데이터 태스크포스(TF)를 들 수 있다.

해당 프로젝트를 상세히 설명한 DBR 리포트에 따르면 두산인프라코어는 2017년 디지털 트랜스포메이션을 통해 외부 환경에 휘둘리지 않는 신성장동력을 발굴하기로 했다. 이를 위해 건설 현장 내 활용되는 기기와 관련 부서 데이터를 통합하는 플랫폼 구축 사업을 진행했다. 이 과정에서 두산인프라코어는 미국의 팔란티어와 빅데이터 플랫폼을 구축하는 전략적 파트너십을 전격 체결하고 공동 태스크포스(TF) 팀을 꾸렸는데, 나이, 직급, 출신과 같은 문화적 배경은 물론 전문성을 가진 부분이 너무 달라 초반에는 문제가 많았다. 두산인프라코어 내 데이터를 담당하고 해당 도메인에 대한 이해를 가지고 있는 전문가 7명과 외국 IT 기업에서 온 엔지니어 5명이 협업하는데, 평균 연령도 10세 이상 차이가 나고, 문화도 너무 달랐다고 한다. 국내 전문가들은 어린 외국 엔지니어들의 따지는 듯한 질문이 고집스럽게 느껴졌고, 9시 넘어 출근하는 모습 때문에 눈살을 찌푸리게 되었다. 한 달 정도 냉전 시기를 겪었지만 서로 소통하면서 분위기가 개선되었고 그라운드 룰(ground rule : 경기 장소의 사정에 따라 정식 경기 규정을 적용할 수 없어 그 상황의 경기에만 적용하는 경기 규정)을 통해 시너지를 발휘했다. 도메인 전문성을 가진 사람이 전쟁터를 탐색해 문제를 정의하는 탐색대 역할을 했고, ICT 기술 전문성을 가진 사람은 전사로서 정의된 문제를 기술적으로 연구해 해결하는 역할을 했다. 즉, 도메인과 기술 중 하나의 강점을 갖고 단점을 커버해주며 시너지를 낼 수 있었다. 위 태스크포스를 그림으로 나타내면 다음과 같다고 할 수 있다.

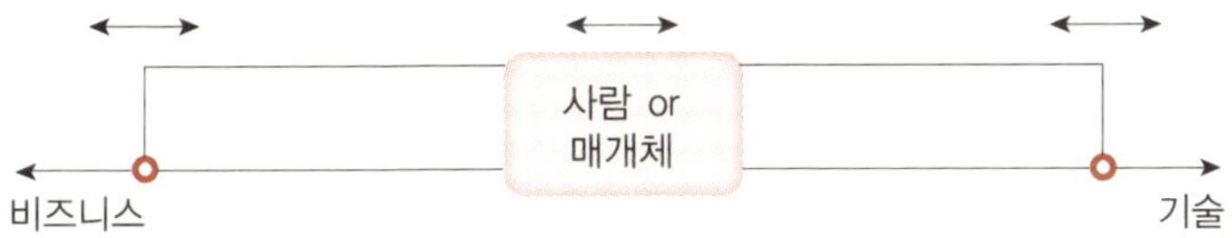


▲ 서로 다른 전문성을 가진 조직에서 양손잡이 인재를 통해 협업이 가능해진다

## 여기서 잠깐 문화는 의외로 큰 오해를 낳을 수 있다

두산인프라코어 사례에서 해외 직원과 국내 직원 다툼의 원인은 주로 '따지는 듯한 태도' + '늦은 출퇴근'이었다. 하지만 이는 문화에서 발생한 오해였다. 외국 IT 전문가는 해결책부터 생각하며 문제를 풀어가는 두괄식 프로젝트를 운영했고, 두산 쪽은 그렇지 않았다.

서로 소통을 하면서 국내 직원들은 해외 직원들이 따지는 듯한 태도를 취하는 것이 나쁜 마음을 품어서 그런 게 아니라 문제를 풀기 위한 방법임을 이해했다. 해외 직원들의 지각 문제도 오해가 풀렸다. 문제 해결을 위해 한 번 몰입하면 밤을 새는 해외 담당자들은 '결과'만 나오면 되지 출결에 대해 중요하게 생각하지 않았던 것이다.

시간이 지나 하나씩 결과물이 나오기 시작했고, 그것이 성과로 이어지면서 상호 간의 신뢰가 더 두터워졌다.

어찌 보면 다른 듯 같은 두 사례는 결국 인재상 변화를 이야기하고 있다. 집중적으로 하나의 전문성을 가진 인재가 아닌 하나의 전문성을 가지되 다른 측면에 대해 이해하고 접근할 수 있는 인재가 필요하다는 것이다. 기술에 대해 잘 아는 사람은 도메인을 이해해야 기술 접근이 쉬워지고, 도메인 전문가는 해당 기술을 적용할 때 기술을 잘 알아야 해결해야 할 문제에 옳은 솔루션을 적용할 수 있다. 융합형(Convergence) 인재 시대가 온 것이다.

# 융합형 리더란 무엇인가?

1. 융합형 리더(Convergence Leader)가 무엇인가?
2. 왜 융합형 리더가 디지털 트랜스포메이션 시대 리더가 되는가?
3. 어떻게 융합형 리더가 되는가?

Part 2

# 1. 융합형 리더(Convergence Leader)가 무엇인가?

## 1.1 무엇이 융합형 리더냐?

사실 융합형 인재, 양손잡이 인재는 갑자기 튀어나온 말이 아니다. 무려 스티브 잡스 때부터 나왔던 이야기다. '스티브 잡스형' 인재라고 하면 기억나는가? 스티브 잡스가 자주 했던 말이 있다.

"애플은 기술과 인문학의 교차점에 있다."

이 한마디 때문에 우리나라에서 인문학 돌풍이 불었다. 모든 티브이 채널에서 각종 인문학을 접할 수 있었고, 기업과 학교에서는 인문학 공부 열풍이 불었다.

출처 : intellectualtakeout.org

▲ 인문학과 기술 접점을 강조하는 역사적인 장면

조금 크게 해석하면 사실 융합형 인재는 '선을 넘은 사람' 또는 '교집합을 찾는 사람'이라고 정의할 수 있을 것이다. 온라인 열풍으로 온라인 사이트만을 강조하던 시절, 오프라인의 가치를 파악하고 오프라인은 '체험'의 공간으로 온라인은 '구매'의 공간으로 정의하는 마케팅 전문가도 '융합형 인재'다. 제조 및 생산 현장에서 A-B-C-D 중 본인은 B만 전담하고 있는데, 시너지를 일으키기 위해 A와 C 담당자와 만나고 소통하는 사람도 융합형 제조 전문가라고 할 수 있을 것이다. 꼭 기존에 없었던 비즈니스 모델을 발견하는 대단한 사람뿐만 아니라 본인 업무를 혁신하고자 선을 넘는 사람들이 바로 융합형 전문가이고 융합형 리더인 것이다. .

다만 이 책에서는 이런 모든 융합형 리더를 다룰 수 없었고, 맥락이 디지털 트랜스포메이션에 집중되어 있기에 디지털 트랜스포메이션 시대에 가장 주목받고 필요한 기술과 산업 이해를 바탕으로 해당 생태계를 변화시키고 있는 융합형 리더를 다루도록 하겠다.

## 여기서 잠깐 융합형 리더 vs 양손잡이 리더

이 책에서 제안하는 융합형 리더는 과거 양손잡이 리더와 결이 비슷하면서도 다른 특징을 가지고 있다. 과거 2000년 초반 유행했던 양손잡이 리더(Ambidextrous Leader)는 모순된 요인을 갖춘 리더를 뜻하는 용어다. 예를 들면 효율과 혁신, 자율과 통제를 동시에 추진하는 모호한 조직이라고 얘기할 수 있는 측면에서 선을 넘는 융합형 리더와 어느 정도 유사한 측면을 가진다고 말할 수 있다. 하지만 다른 점이라고 할 수 있는 것은 다른 두 가지를 서로 '모순'이라고 본 것이다. 예를 들면 오른손과 왼손은 서로 모순된 특징을 가지고 있기에 각각 분리해서 수행해야 한다는 것인데, 당시 Ambidextrous 조직에 대해 언급했던 하버드대 경영대학원 투쉬만(TUSHMAN) 교수가 신사업과 기존 사업팀을 구분해야 시너지가 난다고 언급했던 것과 같은 측면이다. 그런데 여기서 궁금한 점은 오른손을 쓸 때 왼손을 동시에 써야 시너지가 나는 것 아닌가? 기존 사업에서 부족한 점은 누구보다 기존 사업팀이 잘 알고 있기에 두 사업이 시너지를 내기 위해서는 사실 구분은 하더라도 같이 일하며 긴밀히 연결되는 측면이 필요할 것이다. 그리고 이번 융합형 리더에서 크게 나누는 비즈니스와 기술 측면도 서로 모순되어 '구분'해야 한다기보다는 어느 한 측면을 다른 측면이 보완하고 상호 연결되면서 시너지 나는 측면이 많기에 굳이 융합(Convergence)이라는 용어를 쓴 것이다. 따라서 이 책에서 언급하는 융합형 또는 양손잡이형 리더는 두 가지 다른 부분을 구분하는 '단절'보다는 '결합 및 시너지'를 언급하는 형태로 사용된 것임을 사전에 전달한다.

## 2. 왜 융합형 리더가 디지털 트랜스포메이션 시대 리더가 되는가?

### 2.1 양손잡이 리더가 아니면 죽는다 or 살아남을 가능성이 높다.

당신이 축구선수라 가정하자. 아니 어느 운동이든 상관없다. 양손잡이와 한손잡이 중 어떤 사람이 더 유리할까? 꼭 한 손만 써야 하는 룰이 있는 것이 아니라면 당연히 양손잡이가 더 유리하다. 축구로 예시를 들면 상대방이 오른발만 쓰는 공격수고 당신이 수비수라면 공이 오른발에 걸려 있을 때만 조심하면 된다. 그런데 양발잡이라면? 어떤 발로 슛을 쏠지 알지 못하기에 수비하기 더 어려워진다. 그래서 손흥민 선수를 포함한 세계적인 공격수들은 양 발을 쓰도록 연습해 왔고 지금의 위치에서 살아남았다.

관점을 인공지능으로 돌려보겠다. 한때 우리를 놀라게 했던 알파고라는 인공지능은 5~7세기부터 인간이 즐기고 연구해 왔던 고난이도이자 예술에 가까웠던 바둑이라는 게임을 단시간에 격파해버렸다. 단순 반복이나 할 수 있다고 생각했던 기계가 '분석'이라는 측면에서 우리를 이길 수 있다는 사례를 만든 것이다. 그리고 소설마저 기계가 쓴 소설이 공모전에 입선되는 것을 보면 막연하지만 '창조'라는 측면도 빼앗길 수 있다는 생각을 하게 한다. 이제 어느 한 분야 기술이나 전문성으로 먹고 사는 것을 그리 오래 못 갈지 모른다. 우리가 담당했던 업무가 하나하나 인공지능이 담당하게 될 수 있을 것인데, 그때 우리는 컴퓨터가 어려워하는 것을 할 수 있어야 하고 그것이 바로 한 개 분야 분석을 통한 집중이 아닌 다른 차원을 융합해 진행하는 융합형 인재가 되어야 하는 이유 중 하나이다.

## 3. 어떻게 융합형 리더가 되는가?

### 3.1 융합형 리더 이상적인 역량 수준은?

디지털 트랜스포메이션 정의를 가장 간단하게 정리하면 '기술 기반 비즈니스 혁신'인데 이는 산업 부문을 다음 두 가지로 나눌 수 있다. 바로 '기술' & '비즈니스(또는 도메인 이해)' 이다. 만약 양쪽을 다 이해하는 사람이 있으면 디지털 트랜스포메이션 프로젝트를 운영하는 데 난이도가 낮아지겠지만, 안타깝게 지금까지 그런 인물은 큰 회사에도 한두 명 또는 없었고 이제야 육성해가는 분위기다. 사실 역량이 뛰어나지 않는 이상 두 분야에 뛰어난 사람을 육성하기는 쉽지 않다. 쉽게 생각하면 공대와 경영대, 전혀 다른 분야에 박사 타이틀이 두 개 있는 사람이라고 생각하면 되는데 그게 쉽지 않다는 것은 누구나 잘 알 것이다. 더군다나 지금처럼 학문과 기술 범위가 확장되는 때라면 더더욱 그럴 것이다.

하지만 이런 것은 가능할 것이다. 공대에서 박사학위를 취득하고

A산업에 20~30년간 근무해 해당 도메인 전문가로 불릴 수 있는 사람은 융합형 리더라고 불릴 만하다. 거꾸로 해당 도메인 전문가로 시작해 어떤 특정 전문 기술 분야 관련 업무를 계속해 해당 기술에 대해 이해도가 매우 높은 사람도 마찬가지이다.

다행인 점은 많은 전문가들이 양손잡이 전문가, 즉 융합형 리더를 육성해야 한다고 말할 때 두 분야에 박사학위급 전문가를 말하진 않는다는 점이다. 앞서 말한 축구선수 예처럼 어느 한 쪽 발을 주무기인 100점으로 기준 했을 때, 남은 발을 70~80점 수준으로 다룰 수 있는 사람을 말한다.

## 3.1 융합형 리더 존재 이유 1 : 기술을 주축으로 도메인 전문성을 가진 전문가

기술 전문성이 있는 사람에게 도메인에 대한 전문성이 없다면 어떻게 될까? 말 그대로 지식상아탑 역할을 할 것이다. 그들은 기술상에서 구현되는 그리고 될 수 있는지 여부를 고민하는 전문가인데 문제는 그것이 고객에게 얼마나 어필이 되는지는 고민하는 정도가 낮았다. 대표적인 예로 애플 아이팟이 나오기 전 아이리버 등등 다양한 MP3 플레이어 회사가 시장을 지배하던 시절, MP3 플레이어는 기능을 가지고 치열하게 경쟁했다. 누가 얼마나 더 많은 기능을 탑재하느냐로 싸웠기에 기능 1개 = 버튼 1개 꼴로 MP3 플레이어에 버튼이 기하급수적으로 늘어나기 시작했다. 마치 다음에 나온 그림의 각종 리모콘처럼 버

출처 : es.iwroteyouasong.org, discount.onlinestores2021.ru

▲ 기술과 비즈니스가 효과적으로 접촉해 변화한 사례

튼이 많아져 도대체 어떤 기능이 어떤 것을 의미하는지 모를 때쯤 아이팟이 나왔다.

애플 아이팟 관련 일화는 이미 알고 있는 분들도 많을 것이다. 기존 회사들의 MP3 플레이어가 더 많은 버튼 제공을 위해 다투던 시절, 이를 한 개로 줄여버리는 혁신을 이끌었던 것은 융합형 리더인 애플사의 스티브 잡스였다. 기술 전문가와 비즈니스 전문가가 협업하여 버튼을 없애면서도 핵심 기능을 살리는 논의를 한 것이다.

만약 기능 1 = 버튼 1을 주장한 기술 전문가만 있었다면 대부분 회사처럼 아이팟도 기능만 갖고 싸웠을 것이고 기술 혁신은 없었을 것이다.

이런 애플사 성공을 이끌었던 융합형 리더는 위와 같은 R&D 측면뿐만 아니라 투자와 같은 곳에서도 빛을 낸다. SAP 수석부사장 로키 서브라마니안에 따르면 기술 역량만 뛰어난 리더의 미래는 어둡다. 비즈니스 비전을 상세화할 수 없는 기술 전문가는 내부 및 외부 고객 설득이 어렵다는 것이다. 이는 투자자도 마찬가지다. 아무리 뛰어난 기술을 발명했더라도 이를 제대로 활용하는 방법을 모르거나 투자자 및 고객 설득력이 떨어진다면 해당 기술은 세상에 나오기 힘들고 결국 실험실 내에서나 인정받게 될 것이다. 이를 해결하기 위해서는 서로 다른 두 분야 역량을 가진 사람이 있어야 하는 것이다.

CIO 분석보고서에 따르면 S사 모바일(Mobile) B2B 사업 부문장 & 수석 부사장이었던 테이허 베베하니가 IT 리더가 되었을 때도 위와 같은 융합형 리더 역량이 필요했다. 회사가 새롭게 받아들인 신형 시스템과 기존 시스템이 전혀 시너지가 없었던 것이다.

보통 기존 가지고 있던 시스템(레거시 시스템)을 업데이트해 새로운 시스템과 결합시키는 것은 버스가 달릴 때 타이어를 교체하는 것처럼 복잡하고 어렵지만, 기존 자산이라고 할 수 있는 시스템을 어느 정도 포기하고 변화하는 것을 받아들이지 못한다면 낡은 조직 구조를 유지할 수밖에 없는 것이다. 따라서 S사 사례에서 융합형 리더의 역할은 비즈니스 목표와 To be를 명확히 이해하고, 비즈니스를 지원하는 시스템을 구분하는 일이었고 이것이 변화를 가져오는 데 큰 영향을 주었다.

정리하자면 기술 기반 비즈니스에 대한 전문성을 가진 융합형 리더란 기존 기술 한계에 갇혀 있는 조직을 위해 관련 산업 방향성과 혁신 방향성을 안내해주고 이를 통해 변화를 설계하는 사람이다.

여기서 잠깐

### 기술 리더가 회사 전체 기술 교육까지 신경 써야 디지털 트랜스포메이션이 성공할 가능성이 높다

딜로이트 CIO 보고서에 따르면 '기술 리더는 본인의 과업 중 교육을 중시 여긴다'. 보고서에서 참여자 대상 기술 Literacy(읽고 쓸 수 있는 수준) 역량을 높이기 위해서는 서로 성격이 다른 조직 간 일상 대화뿐만 아니라 잘 설계된 교육 참여가 필요하다고 발표했다. 이런 일이 관련 업무 및 태스크포스 성공과 연계되는 것이다. 따라서 CIO 96%가 기술 전문가 대상 비즈니스 교육을 자신 책임으로 하고 있고 절반 이상이 능동적인 교육 조직을 만들어 활동하고 있다고 전달했다.

## 3.2 융합형 리더 존재 이유 2 : 도메인 전문성을 주축으로 기술 전문성을 얻은 전문가

흔히 창업 시장에서 음식점 사장을 하려면 적어도 그 가게가 운영하는 메뉴를 만들 수 있어야 한다고 말한다. 물론 사장님이 주방장 수준으로 음식을 할 수 있다면 더할 나위 없이 좋겠지만 그렇게까지는 못한다 해도 적어도 메뉴에 대해 주방장과 논의할 정도의 수준은 되어야 한다. 그렇지 않으면 주방장이 가게 운명을 좌지우지할 수 있기 때문이다.

위 내용에 대해 많은 사람이 공감하지만 기업 내 ICT 기술에 대해 이야기하면 말이 달라지는 경우가 있다. 대부분 도메인 전문가들은 비즈니스 모델을 설계하는 것은 내 일이라고 생각하지만, 여기에 기술을 접목하는 것은 다른 전문가 일이라고 생각한다. 마치 음식 메뉴를 짜는 건 내 소임이지만, 그 음식을 잘 만드는 것은 다른 사람 역할이라고 생각하는 것과 같다. 결과물을 맛보고 판단할 수 있는 수준이면 된다? 아니다. 그렇게 되면 문제가 생긴다.

쉬운 예를 하나 들어보겠다. 육수를 내기 위해 새우를 넣을지 멸치를 넣을지, 넣는다면 얼마나 넣을지 결정하는 문제는 음식 원가와 연관되어 있다. 예를 들어 레시피상 멸치 1kg를 5시간 끓여야 괜찮은 수준의 육수가 나온다는 가정으로 주방장이 일을 줄이기 위해서 멸치 양을 늘려 3kg를 넣고 1시간만 끓인다면 맛만으로 판단하는 당신이 그 문제를 잡아낼 수 있을까? 눈 뜬 상태에서 당할 수밖에 없을 것이다. 각종 AI와 어려운 기술 용어를 말하며 구현했다고 하지만 결과물이 나왔다 해도 결과물을 제대로 판단할 능력이 없다면 눈뜬장님이 될 수밖에 없는 것이다(만약을 이야기한 것이지 실제 기술 담당자가 그렇다는 것은 아니다). 이런 사례가 아니더라도 기술 전문가들도 의견이 필요할 때가 있다. 양 갈래 길에서 선택해야 할 때 만약 상사가 관련 리터러시 수준 전문성도 없다면 굳이 하나하나 설명해가면서 의견을 묻고 같이 고민하는 길을 찾을까? 아니면 그냥 본인이 생각하는 것을 선택할까? 답은 너무 뻔하다.

헐트국제경영대학원(Hult International Business School) 리더십 및 전략 교수 아미트 S. 무케르지는 리더가 자신도 모르게 회사를 망가뜨리는 원인 두 가지 중 하나로 리더는 경쟁자 변화에는 민감하지만,

디지털 기술에 따른 업무와 조직 변화는 간과한다는 것을 들었다. 나머지 하나는 디지털 기술을 잘 모르기에 신봉하거나 무시한다는 것이다. 신봉하는 경우 기술이 항상 옳다 생각해 인간을 지배하게 두거나, 늘 자신에게 이익만을 준다는 가정을 하는 것이다. 무시하는 경우도 종종 발생하는데 우리나라 역사만 보더라도 신기술을 거부하는 사람 중 그 누구도 성공 모델이 되지 못했고, 실제로 그 변화를 막지도 못했다. 따라서 리더는 디지털 기술에 대해 잘 알아야 정확히 잘 사용할 수 있다.

예를 들면 요즘 만능키로 생각되는 AI도 해당 산업과 시너지를 낼 수 있는 설계가 필요하다. AI는 잠재성을 가진 기술인데, 산업 분야나 회사가 속해 있는 시장 영역의 특성에 AI를 다양하게 적용할 수 있는 것이다. LG사이언스파크 AI 추진단은 부족한 도메인 전문성을 보완하기 위해 계열사 산업 전문가와 긴밀한 커뮤니케이션으로 해당 문제를 해결했다고 한다.

결국 기술 기반 비즈니스 혁신이 디지털 트랜스포메이션의 답이다. 말은 너무 쉽다. 하지만 그 실행은 어렵기에 다음 장부터는 이런 융합형 리더가 어떤 역량을 구체적으로 가지고 있어야 하고 이를 어떻게 구현하는지 설명하고자 한다.

여기서 잠깐

### 디즈니의 디지털 트랜스포메이션

1952년 사업을 시작한 디즈니도 기술을 사업에 접속하려는 여러 가지 시도를 했다. 실제 인재풀도 월등했지만 2009년 시도한 프로젝트가 실패하면서 어려움을 겪었다.

하지만 디즈니는 앞선 실패 경험에도 굴하지 않고 방문객에게 더 실감나고 완벽한 맞춤형 경험을 제공하기 위해 모든 방문객의 데이터를 분석했다. 고객이 어느 공간에서 오래 머물고, 무엇에 돈을 지불하며, 어떤 투자를 하는 것이 더 큰 효율을 가져오는지 데이터 기술 전문가를 통해 분석했다.

그리고 이 분석 결과를 적용하기 위해 현장 직능 분야별 전문가 천여 명을 차출해 'MyMagic+'라는 3D 테마파크 기술을 만들었다. 여기에 개인 맞춤형 서비스를 추가 설계해 고객이 원하는 시간에 원하는 것을 할 수 있도록 도왔다. 방문 후 놀이기구 탑승 시간과 캐릭터 만남 시간을 예약하면 원하는 시간에 놀이기구를 탑승할 수 있고 만나고자 하는 장소에서 캐릭터를 만날 수 있게 한 것이다. 고객은 손목 밴드 하나로 모든 비용 지불과 탑승을 해결할 수 있었다. 그리고 이 데이터 분석으로 디즈니는 연간 5억 달러 매출을 추가로 달성했고, 20% 영업이익률을 기록했다. 디즈니는 무려 10억 달러를 초기 투자비용으로 지불했지만 상상 이상의 결과물을 얻었다.

# 성공적인 디지털 트랜스포메이션과 목표 달성을 위한 LKK 모델

1. 디지털 트랜스포메이션 성공을 위한 내부 역량 강화
2. 비즈니스 아키텍처(Business Architecture)란?
3. 비즈니스 모델을 비즈니스 아키텍처로 발전시켜야 하는 중요한 이유
4. 최적 비즈니스 아키텍처 설계 표준 가이드 LKK 모델
5. LKK 모델을 고도화하고 정확성을 높이기 위한 분석적 툴
6. 분석적 툴과 비즈니스 모델 캔버스 및 가치 제안 맵의 상관 관계
7. LKK 모델의 활용 방안

Part 3

## 1. 디지털 트랜스포메이션 성공을 위한 내부 역량 강화

2020년 초부터 급격하게 확산된 코로나19의 상황에도 불구하고 국내외 많은 기업들이 디지털 트랜스포메이션을 위해 가속도를 내고 있으며, 우리나라뿐만 아니라 글로벌 시장 또한 현재 오프라인 경제에서 온라인 경제로 급격하게 재편되고 있다. 이는 디지털 트랜스포메이션이 늦어질수록 향후 지속 가능한 경영을 보장할 수 없기에 일어나는 현상이며, 이에 따라 기업의 내부 프로세스는 물론 비대면(Untact) 서비스 확대에 따른 기업 비즈니스 모델에도 일대 변화가 일어나고 있다. 기업들의 디지털 트랜스포메이션은 속도, 범위, 시스템의 영향력 측면에서 4차 산업혁명이 가져온 혁신적 IT 기술을 기반으로 빠르게 진화하고 있고, 이는 곧 전 분야의 산업에 직접적인 영향을 주어 생산, 관리, 지배 구조 등 전체 시스템의 변화를 가져올 것이라고 예측되고 있다. 그러므로 코로나19와 같은 외부적 요인에 따른 환경 변화에 따라 기업은 내부적 핵심 역량을 활용해 빠르게 대응해야 하며, 차별적 경쟁우위 요소를 마련해야 한다.

이러한 변화의 흐름 속에 자원기반관점(Resource Based View)이론을 통해 바라본 기업의 IT 기술력은 지속 가능한 경영을 위한 기업 내부의 핵심 역량 및 핵심 성공 요소들 중 하나라고 할 수 있다. 왜냐하면 기업에 있어 특화된 IT 기술은 현재 디지털 트랜스포메이션 시대에서 중요한 경쟁 요소로 자리 잡게 되었으며, 또한 기업의 효과적인 IT 기술 정책은 기업의 경쟁력 강화를 위한 경영 전략으로서 중요한 의미를 갖게 되었다고 할 수 있기 때문이다.

여기서 자원기반관점(RBV)이론이란 펜로즈(Penrose, 1959)가 처음 그의 저서에서 제시한 이후, 워너펠트(Wernerfelt, 1984)를 거쳐 1990년대 프라할라드 & 하멜(Prahalad and Hamel, 1990)과 반니(Barney, 1991)에 의해 대표적으로 발전되어 왔으며, 기업이 어떤 산업군에 포함되었는가 하는 외부 요인보다 개별 기업의 내부 요인(자체 경쟁력)의 차이가 기업의 경쟁력을 결정짓는 핵심 요소라는 경영 전략의 핵심 이론이다. 이는 다윈의 진화론 중에서 우리가 잘 알고 있는 "강한 개체가 살아남는 것이 아니라 환경 변화에 잘 적응하는 개체가 살아남아 결국 강한 개체가 된다"라는 연구 결과와 같이 환경 변화에 잘 적응하기 위해서는 '변화에 반응하는 내부의 힘'이 강해야 한다는 기본 전제를 하고 있는 점에 주목해야 한다. 따라서 지속 가능한 경영을 위해 기업들은 디지털 트랜스포메이션 시대에 맞도록 기존의 업무 프로세스, 문화, 조직 등 현재의 방식을 혁신해 기업 내부의 IT 자원과 인적 역량을 어떻게 활용하고 발전시키는 것이 바람직한 것인지에 대해 새로운 전략을 강구할 필요성이 있다.

기업의 차별적 경쟁우위 IT 기술력과 성공적인 디지털 트랜스포메이션 도입을 위해 기업의 최고 의사결정자인 CEO의 확고한 혁신 의지를 기반으로 전폭적인 지원과 지속적인 관심이 필요하며, 조직 내 핵심 리더들이 '알고리즘 리더십(Algorithmic Leadership)'을 통해 단계별 디지털 트랜스포메이션 전략을 실행하고 전사적으로 전파하여 변화하도록 해야 한다.

여기서 새롭게 등장한 알고리즘 리더(Algorithmic Leader)란 복잡한 디지털 시대에 알고리즘을 최적의 방안으로 자신의 의사결정과 운영 방식에 적용해 창의적 결과를 창출하는 사람을 의미한다. 사실 많은 기업에서 변혁의 시작이 조직 내 리더 자기 자신임을 받아들이지 않고, 파괴적 기술 혁신만을 무작정 도입하고 있는 상황에 봉착하고 있기에 리더들은 단계별 디지털 트랜스포메이션 전략을 실행하는 단계에서 겪게 되는 상황별 문제점에 대해 현명하고 최적의 의사결정을 하지 못하는 상황에 직면하고 있다. 이제부터라도 조직 내 핵심 리더들은 기존의 아날로그 리더십에서 탈피해 알고리즘 리더십을 통해 해법을 찾는 기회를 모색해야 한다.

이를 통해 경쟁이 심화되는 현재의 상황에서 기업이 외부 환경에 주요 관심을 두던 시각에서 벗어나, 내부 자원을 통해 강화된 핵심 역량을 바탕으로 기업 발전 및 성공을 위한 원천을 찾기 위해 기업 내부의 자원에 중점을 두고 새로운 변화에 반응하는 또 다른 내부의 힘을 키워야 하는 중요성을 강조한다. 또한 디지털 트랜스포메이션 시대 지속 가능한 경영과 지속적 경쟁우위를 이끌기 위해서는 각 기업의 특성에 맞는 차별화된 경쟁우위 요소를 발굴하고 발전시키는 전략적 접근 방법을 수립해야 한다. 즉, 기존의 업무 프로세스를 고집하고 답습하기보다는 최신의 기술과 트렌드를 파악하고 빠르게 변화하는 ICT 기술의 편리성과 유익함을 디지털 트랜스포메이션으로 발전시켜야 하며, 보다 전문화되고 특화된 상품 및 서비스를 고객에게 제공하는 데 가치를 두고 비즈니스 모델(Business Model)을 비즈니스 아키텍처(Business Architecture)로 설계할 필요가 있다.

## 2. 비즈니스 아키텍처(Business Architecture)란?

비즈니스 아키텍처란 예측 불가능한 미래의 상황과 IT 기술 패러다임의 빠른 진화가 이루어지고 있는 디지털 시대에 궁극적인 목표(Goal)를 달성하기 위한 비즈니스 모델의 체계적이고 정밀하게 구조화된 설계도를 의미한다. 즉, 비즈니스 요구 사항을 만족하는 시스템을 구축하기 위해서 전체 시스템에 대한 구조 및 제품 또는 서비스의 흐름을 정의한 문서라고 할 수 있으며, 이는 시스템을 구성하는 컴포넌트와 그 컴포넌트 간의 관계 그리고 컴포넌트가 다루는 정보(데이터)를 정의한다. 이를 통해 비즈니스 요구 사항을 IT 기술로 해석할 수 있으며, 시스템 개발의 방향을 알려주는 지도의 역할을 수행하고, IT 개발팀과 해당 비즈니스 현업과의 의사소통의 매개체 역할을 수행하게 된다. 이를 위해서는 팀의 수준에 맞게 작성되어야 하며, 이해할 수 있는 수준을 기반으로 모든 내용을 포함해야 한다. 이러한 비즈니스 아키텍처는 비즈니스 모델 캔버스(Business Model Canvas)와 가치 제안 맵(Value Proposition Map)으로 작성할 수 있다.

먼저 비즈니스 모델이란 사업 아이디어를 가지고 어느 시장에서, 누구에게, 어떤 가치를 어떤 방법으로 전달하고 어떻게 수익을 창출할 것인지에 대한 전반적인 방향과 방법을 정의한 것이라고 설명할 수 있다. 티스(Teece, 2008)는 비즈니스 모델을 기업이 고객에게 가치를 전달하기 위한 수익과 비용의 실행 가능한 구조와 고객의 가치 제안(Value Proposition)을 지원하는 논리와 자료 그리고 다른 증거들을 분명하게 표현하는 것, 즉 비즈니스 모델이란 기업이 고객을 위한 가치를 어떻게 창조해 전달하고, 어떤 방법으로 수익을 획득하는가를 설명하는 '하나의 스토리'라고 정의했다. 여기에서 비즈니스 모델과 사업계획서의 차이점을 비교해 보면 다음과 같다. 먼저 사업계획서는 전체 사업의 개요뿐만 아니라 사업에 대한 다양한 측면에서의 계획을 구체적으로 기술한다. 비즈니스 모델은 이와는 다르게 훨씬 압축적이

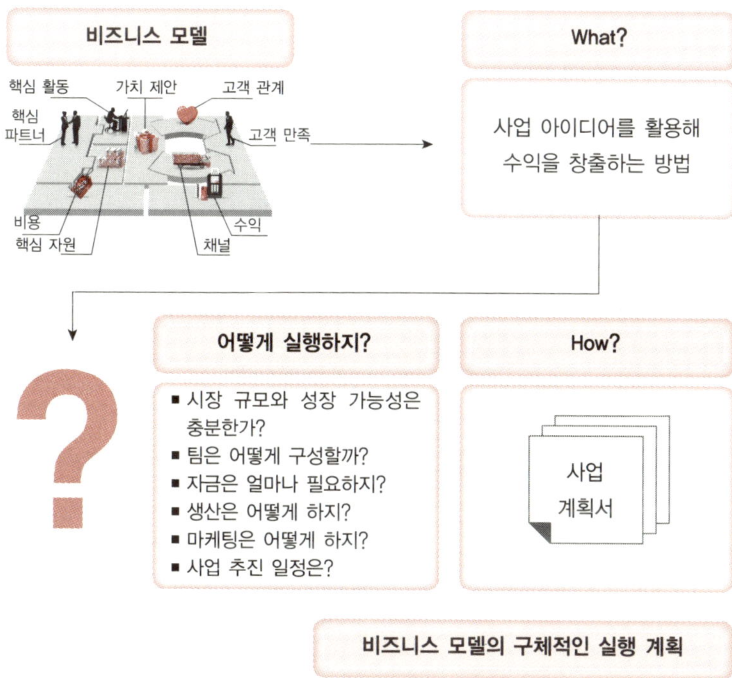


출처 : 케이스타트업(www.k-startup.go.kr) 자료실 '기술창업론 교재'

▲ 비즈니스 모델과 사업계획서의 차이

고 상세한 내용을 담기보다는 핵심적인 내용을 간략하게 표현한 것이라고 할 수 있다. 즉, 비즈니스 모델은 사업 아이디어를 활용해 수익을 창출하는 방법을 심플하게 설명한 반면 사업계획서는 비즈니스 모델의 구체적인 실행 계획이라고 할 수 있다.

앞에서 설명한 비즈니스 모델을 성공적으로 수행하기 위해서는 경쟁력 요소 2가지와 지속성 요소 2가지가 잘 갖춰져 있어야 한다. 먼저 경쟁력 요소 중 첫째, 가치 제안이 명확하게 제시되어야 하며, 둘째, 수익 메커니즘(Revenue Mechanism)이 확실해야 한다. 지속성 요소로는 첫째, 선순환 구조로 이루어져야 하며, 둘째, 모방이 불가능하거나 쉽지 않아야 지속성이 유지된다. 왜냐하면 비즈니스 모델의 구성 요소는 고객에게 가치를 제안하고 창출해 제공한 후 이를 지속적인 수익의 형태로 회수하는 과정의 핵심 요소이기 때문이다.

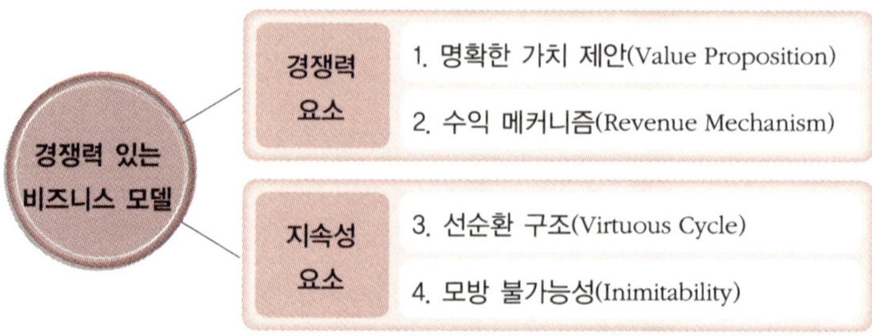


출처 : 케이스타트업(www.k-startup.go.kr) 자료실 '기술창업론 교재'

▲ 비즈니스 모델의 4가지 성공 요소

이러한 비즈니스 모델의 구성 요소를 구조적으로 설계한 것이 비즈니스 모델 캔버스이다. 알렉산더 오스터왈더(Alexander Osterwalder)와 예스 피그누어(Yves Pigneur)가 2010년 "*Business Model*

*Generation*"이라는 저서를 통해서 제안한 캔버스로서, 비즈니스 모델을 하나의 조직이 어떻게 가치를 창조하고 전파하며 포착해 내는지를 합리적이고 체계적으로 묘사했으며, 4가지 영역에 9가지 블록으로 구성했다.

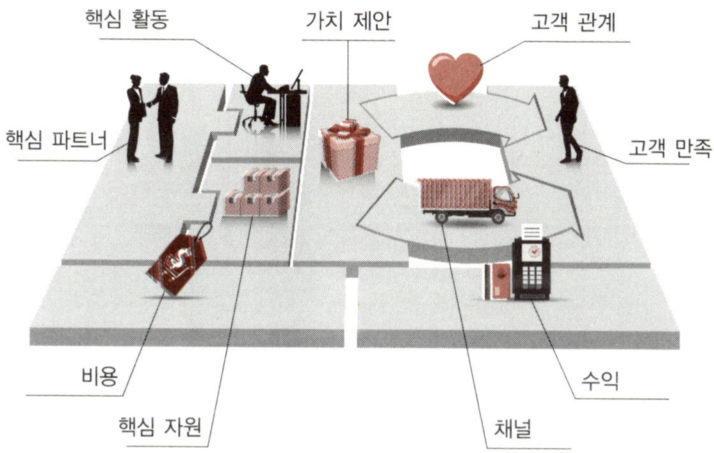


출처 : Alexander Osterwalder & Yves Pigneur, *Business Model Generation*, 2010

▲ 비즈니스 모델 캔버스(BMC)의 구조

비즈니스 아키텍처를 설계하는 두 번째 도구인 가치 제안 맵은 비즈니스 모델의 구성 요소를 관계적이고 순차적인 프로세스로 표현한 것이다. 가치 제안 맵은 앞서 설명한 비즈니스 모델 캔버스에서 정의한 가치 제안이 어떠한 관계를 가지고 어떻게 고객에게 전달되는지를 설명한 프로세스 흐름이라고 할 수 있다. 이 개념은 재화나 서비스에 대한 가격과 같은 기본 사항뿐만 아니라 고객에게 제공되는 서비스 품질과 지원, 해당 제품의 신속한 전달 및 관계와 같은 관련 문제를

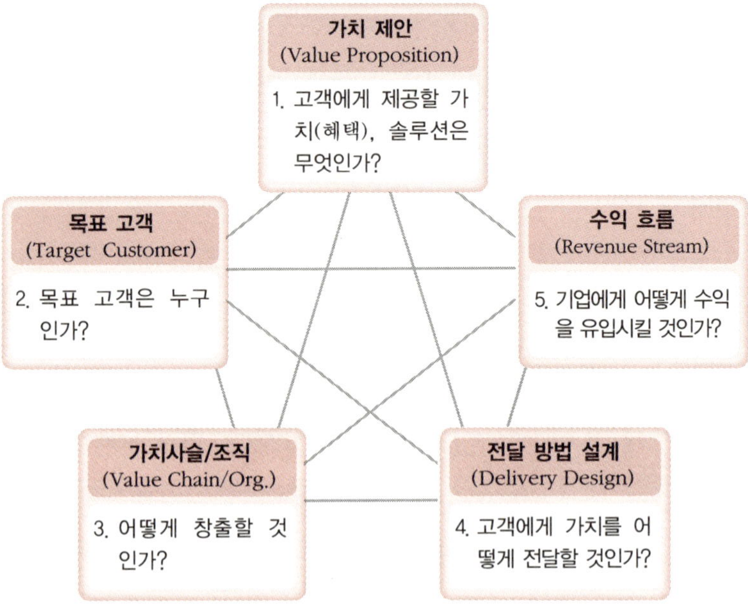


출처 : 삼성경제연구소, "성공적인 비즈니스 모델의 조건", 2011

▲ 비즈니스 모델의 구성 요소

설명하고 있다. 따라서 기업은 차별적 우위의 경쟁력을 유지하기 위해 고객 혜택의 가치를 향상시킬 수 있는 전략과 방법을 가치 제안 맵을 통해 분석하고 지속적으로 모색해야 한다.

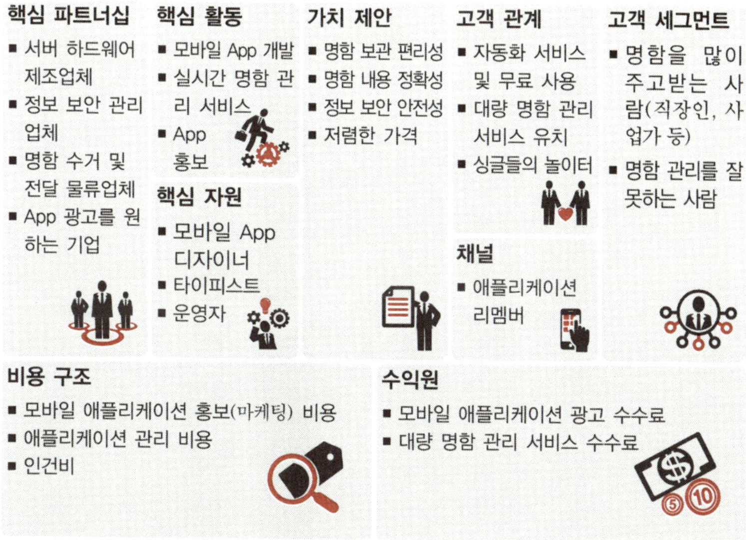


출처 : 케이스타트업(www.k-startup.go.kr) 자료실 '기술창업론 교재'

▲ 비즈니스 모델 캔버스(BMC) 리멤버 사례

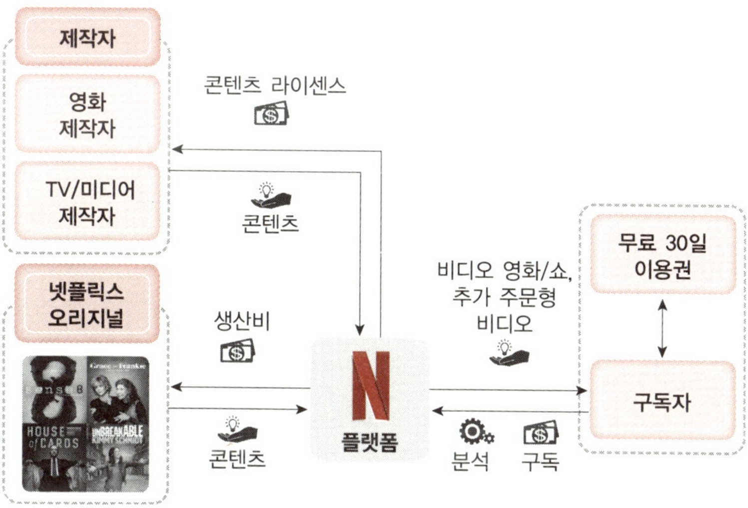


출처 : Gary Fox netflix-business-model

▲ 가치 제안 맵(VPM) 넷플릭스 사례

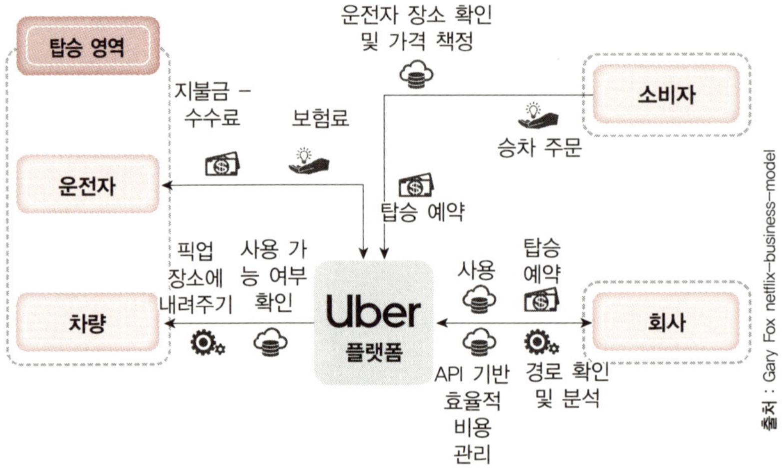


▲ 가치 제안 맵(VPM) 우버 사례

## 3. 비즈니스 모델을 비즈니스 아키텍처로 발전시켜야 하는 중요한 이유

디지털 트랜스포메이션이 빠르게 진행되는 현재의 시장과 경쟁 상황에서 비즈니스 모델과 비즈니스 아키텍처가 보다 분명하고 상세하게 정의되고 조직 내 공유되어야 기업에 새로운 경쟁력을 제공할 수 있다. 즉, 기업의 경쟁력과 성과는 비즈니스 모델 자체를 혁신적으로 변화시킬 때 극대화될 수 있음을 다시 한번 더 강조해 설명한다. 실제 비즈니스 환경이 지속적으로 변화하고 글로벌화되고 있으며, 기업 간 경쟁이 혁신과 예측 불가능한 방향에서부터 시작되고 있다. 아울러 고객과의 밀접한 관계를 통해 보다 일관성 있고 효과적으로 비즈니스를 수행해야 하며, 새로운 시장에 향상된 상품과 서비스를 전달하는 과정을 효율화하도록 요구되고 있다.

이를 위해 구조적으로 정형화된 비즈니스 모델과 체계적인 비즈니스 아키텍처의 정립이 중요하다. 왜냐하면 비즈니스 아키텍처를 통해 비즈니스의 계획 수립에서부터 전개, 혁신적 비즈니스 설계와 솔루션 개발을 가능하게 하는 구조적이고 체계적인 해당 업무지식의 원천으로서 역할을 수행할 수 있기 때문이다. 즉, 비즈니스 아키텍처 없이는 비즈니스를 수행하는 과정에서 빠르고 효과적으로 변화를 반영하는 능력에 커다란 어려움과 경쟁적 도전을 받게 될 것 이다.

## 4. 최적 비즈니스 아키텍처 설계 표준 가이드 LKK 모델

비즈니스 아키텍처는 미션(Mission)을 실현하기 위해 목표를 설정하고, 목표 달성과 함께 고객에게 가치를 전달하기 위한 주요 자원을 사용하여 창출한 가치를 전략에 따라 최적화하는 계획의 설계도라고 정의할 수 있다.

즉, 비즈니스 아키텍처는 비전과 전략을 IT 기술로 전환하고 변환하는 구조를 가지며, 비즈니스 모델의 업무와 기능을 각각 정의하고 원칙과 가이드에 따라 경쟁력 있고 고유한 비즈니스 모델을 설계할 수 있도록 한다. 또한 비즈니스 아키텍처는 그 구조와 기능이 의도적으로 정의되고 적용되는 것으로서 그것은 비전과 전략에서부터 시작되고, 전략을 실행 가능한 비즈니스 모델을 기반으로 IT 기술화하는 과정을 통해 현실화하도록 한다.

만약 의도적으로 정의된 구조와 기능이 없다면 비전과 전략이 비즈니스 모델에 반영되지 못해 비전과 전략은 실현될 수 없게 된다. 따라서 전략을 실행하기 위해 필요한 능력을 정의한 수행 능력은 비즈니스 아키텍처에 따라 비즈니스 모델로 전환 및 변환되어 실행 가능한 수준으로 현실화되어야 한다.

마지막으로 비즈니스 아키텍처와 비즈니스 모델 그리고 정보기술(IT) 아키텍처의 상관 관계를 정의하면 비즈니스 아키텍처는 비즈니스 모델의 전략을 현실화하고 이를 IT 아키텍처가 비즈니스 모델과 일관성 있는 연계를 하도록 유도한다고 할 수 있다. 이를 통해 전략적 목표와 업무 능력을 구체화하고, 비즈니스 모델의 실행 방안을 현실화해 실행 가능 수준으로 전환 및 변환하며, 주요 품질 요소와 고객 가치를 정의해 해당 목표를 중심으로 각 업무수행 능력 향상이 가능하도록 한다. 이를 기반으로 비즈니스 모델과 비즈니스 아키텍처 그리고 IT 아키텍처의 표준 가이드로 LKK(LEE, KIM, KIM) 모델을 다음과 같이 구조화해 표현했다. LKK 모델의 각 구성 요소별 특성은 다음과 같이 설명할 수 있다.

1) 목표(Goal)

기업이 달성하고자 하는 특정 목표

① 미션(Mission)

조직의 근본적 존재 이유

② 비전(Vision)

조직이 지향하는 모습이나 바람직한 미래상

③ 핵심 가치(Core Value)

조직의 미션, 비전을 효과적으로 달성하기 위해 구성원들이 공유해야 할 행동 원칙

④ 전략(Strategy)

최적의 비지니스 아키텍처를 적용해 최종 목표를 달성하기 위한 단계별 실행 전략

⑤ 역량(Capability)

전략과 함께 최적의 비즈니스 아키텍처를 적용해 최종 목표를 달성하기 위한 내부 자원의 수행 능력

2) 비즈니스 아키텍처(Business Architecture)

비즈니스 아키텍처는 기업의 목표(골) 달성을 위한 전략과 실행 방법을 전환하고 변환하는 구조 및 각 요소별 기능을 정의하고 원칙과 가이드에 따라 경쟁력 있고 고유한 비즈니스 모델

을 설계함.

① 최적의 비즈니스 아키텍처 설계를 위한 두 번째 기업 내부의 경쟁력 : 알고리즘(Algorithm) 사고력
복잡한 디지털 시대에 알고리즘을 최적의 방안으로 자신의 의사결정과 운영 방식에 적용해 창의적 결과를 창출하는 사고방식(컴퓨팅 사고력 + 확률적 사고력 → Part 4에서 자세하게 설명)

② 최적의 비즈니스 아키텍처 설계를 위한 첫 번째 기업 내부의 경쟁력 : 비즈니스 아키텍트의 역량
고객의 요구 사항을 이해하고 디지털 플랫폼을 제공하며, 디지털 공간에서 고품질 코드 및 확장 가능한 솔루션 제공 능력(8가지 부분으로 구성 → Part 5에서 자세하게 설명)

③ 비즈니스 모델 캔버스(Business Model Canvas)
목표 달성을 위해 고객에게 가치를 전달하기 위한 주요 자원을 사용하고 가치를 각 수행별 전략에 따라 9가지 블록으로 수립하는 구성도

④ 가치 제안 맵(Value Proposition Map)
비즈니스 모델 캔버스에서 정의한 가치 제안이 어떠한 관계

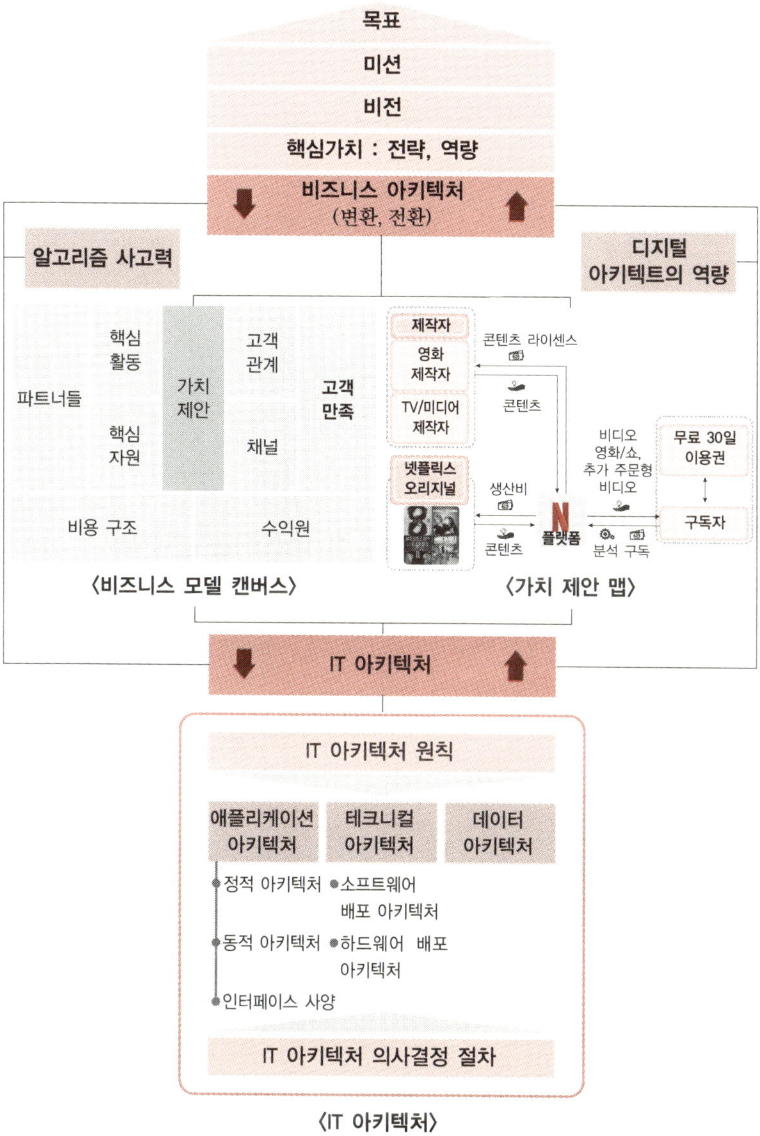


▲ LKK(LEE, KIM, KIM) 모델

를 가지고 어떻게 고객에게 전달되는지를 설명한 프로세스 흐름도

⑤ IT 아키텍처(IT Architecture)

IT 아키텍처는 시스템 구성 및 비즈니스 모델의 서비스가 체계적으로 정의되어 IT 기반으로 동작하는 원리를 나타내며, 시스템 구성 요소 간의 관계 및 시스템 외부 환경과의 관계를 설명

## 5. LKK 모델을 고도화하고 정확성을 높이기 위한 분석적 툴

### 5.1 PESTEL

환경적 요인을 통한 사업 기회 발견을 위한 효과적인 분석 기법 중 하나가 PESTEL 분석 기법이다. PESTEL 분석은 외부 환경 변화를 구체적으로 파악하기 위해 사용하는 방법으로 정치적(Political), 경제적(Economical), 사회적(Social), 기술적(Technological), 환경적(Envi-ronmental), 법률적(Legal)의 머리글자를 의미한다.

표 3-1 PESTEL 분석

| | |
|---|---|
| P | **Political, 정치적 요인**<br>정치적 안정성, 규제 정책 등 |
| E | **Economic, 경제적 요인**<br>인플레이션, 이자율, 환율, 유가 등 |
| S | **Sociocultural, 사회문화적 요인**<br>라이프스타일, 인구 동태학적 변화 |
| T | **Technological, 기술적 요인**<br>신기술, 개선 기술, 특허 동향 등 |
| E | **Environmental, 환경적 요인**<br>기후, 환경 정책, 환경 규제 등 |
| L | **Legal, 법적 요인**<br>소비자 관련 법, 특허, 세법 등 |

**출처** : 생각을 정리하여 틀을 갖추다(https://theorema.tistory.com) 'PESTEL-거시환경-분석모델'

## 5.2 SWOT

SWOT 분석은 외부 환경과 내부 환경을 요약해 볼 수 있는 기법이다. 즉, 내부 역량 중 강점(Strength)과 약점(Weakness)을 분석하고, 외부 환경 중 기회 요인(Opportunity)과 위협 요인(Threat)을 파악할 수 있는 기법으로, 이를 통해 전략적 대안을 도출할 수 있다.

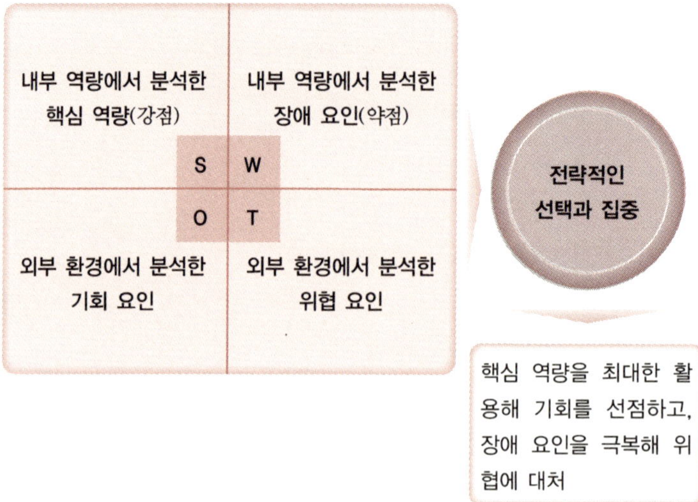


출처 : 어느 기획자의 성장 일기(https://run2plan.kr/71) '경영전략 도출-SWOT 분석'

▲ SWOT 분석

## 5.3 5 Forces

전통적으로 사용하는 산업 분석은 마이클 포터의(Michel Porter's) 5 Forces Model을 주로 사용하며, 산업 내 경쟁 정도, 잠재적 진입의 위험, 대체재의 위험, 공급자 힘, 구매자 힘에 대한 다섯 가지 요인을 집중 분석하고 있기에 매우 유용한 분석 툴이다.

**공급자의 힘**

공급자의 힘의 결정 요인은 구매자의 힘의 결정 요인과 동일

**잠재적 진입**

- 규모의 경제
- 절대 비용 우위
- 자본 소요량
- 제품 차별화
- 유통망에 대한 접근
- 정부와 법적 규제
- 기존 기업의 보복

**산업 내의 경쟁**

- 집중도
- 제품 차별화
- 초과 생산 능력
- 변동비 대 고정비의 비용
- 시장성장률
- 산업의 경기 변동
- 퇴거 장벽

**대체재의 위협**

- 대체재에 대한 구매자의 성향
- 대체재의 상대 가격

**구매자의 힘**

**가격 민감성**

- 총 비용 중 원자재 비용의 비중
- 구매자의 이윤율 수준
- 제품 품질의 중요성

**구매자의 교섭력**

- 공급자에 대한 구매자의 상대적 크기
- 구매자의 전환 비용
- 구매자의 정보
- 구매자의 후방 통합 능력

출처 : Michael Porter's 5 Forces model

▲ 포터의 산업구조 분석모형

## 5.4 VARIM 분석

VARIM는 가치성(Value), 적응성(Adaptability), 희소성(Rareness), 모방 불가성(Inimitability), 수익성(Monetization)의 각 앞글자를 딴 용어다. VARIM 프레임워크로 수익성에 미치는 영향을 검토해 비즈니스 모델의 잠재적 수익을 평가할 수 있다.

**수익성 분석**

VARIM 프레임워크를 사용하여 수익성을 분석할 수 있다.

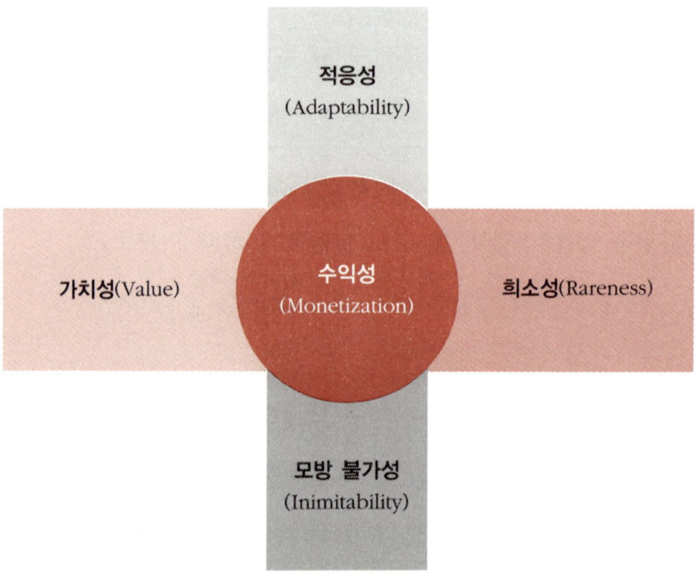


출처 : Allan Afuah 2014, 26

▲ VARIM 프레임워크

## 6. 분석적 툴과 비즈니스 모델 캔버스 및 가치 제안 맵의 상관 관계

위의 LKK 모델에서 PESTEL과 SWOT, 5 Forces, VARIM 등의 분석적 툴을 활용해 비즈니스 모델 캔버스와 가치 제안 맵을 고도화하고 정확성을 높일 수 있음을 언급했다. 이러한 분석적 툴들과 비즈니스 모델 캔버스, 가치 제안 맵 간의 상관 관계를 보다 쉽고 명확하게 이해하기 위해 수학적인 접근법을 통해 살펴보고자 한다.

수학의 꽃을 말한다면 아무래도 함수(Function)일 것이다. 방정식과 그래프 그리고 다양한 변수 간의 관계를 정리하고 표현하는 데는 함수가 가장 적합하고 이해하기 쉽다. 본 Part에서도 비즈니스 모델 캔버스(이하 BMC) 및 가치 제안 맵(이하 VPM)과 분석적 툴들 간의 상관 관계에 대해 함수를 활용해 표현할 수 있다.

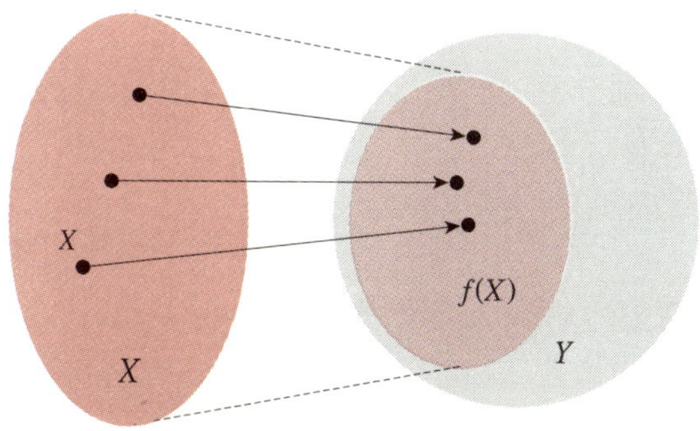

▲ 함수 $f$와 정의역 및 공역과의 관계

함수는 어떤 집합의 각 원소를 다른 집합의 유일한 원소에 대응시키는 이항 관계이다. 함수 $f$가 존재한다고 하자. 함수에는 $X$ 집합과 $Y$ 집합이 존재하는데, $X$ 집합을 정의역이라 부르고 $Y$ 집합을 공역이라고 부른다. 함수 $f$는 이 $X$ 집합과 $Y$ 집합의 곱집합인 $X \times Y$ 집합의 부분 집합이다.

이때 함수는 정의역($X$ 집합)의 각 원소를 정확히 하나의 공역($Y$ 집합) 원소에 대응시키는 성질을 가진다. 이를 수식으로 표현하면 $y = f(x)$가 된다. 이때 $X \times Y$의 또 다른 부분 집합인 함수 $g$와 관계를 형성할 경우, $f(x)$ 이외에 $g(x)$도 같이 존재할 수 있다. 같은 방식으로 $h(x)$도 존재할 수 있고 그 이상도 가능하다.

오른쪽의 그림을 보자. $x1$은 $f(x)$와 대응해 $f(x1)$이 될 수 있고, $g(x)$와 대응해 $g(x1)$이 될 수도 있다. 정의역의 원소 $x1$은 함수 $f$, $g$와 모두 대응될 수 있지만, 반대의 관계는 불가능하다.

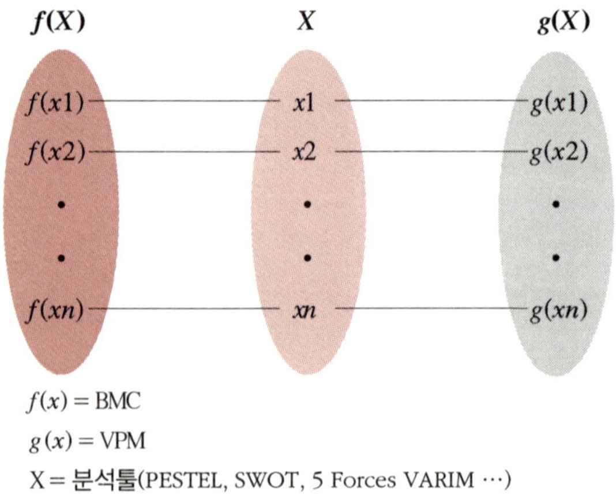


▲ 함수 $f$, $g$와 변수 $x$ 간의 관계

그렇다면 이러한 함수를 LKK 모델에 적용해 보자. 분석적 툴은 BMC와 VPM 모두에 적용될 수 있고, 어떠한 분석적 툴을 사용하느냐에 따라 그 결과는 다를 수 있다. 이러한 논리를 함수의 관계로 표현하면 다음과 같다.

BMC를 함수 $f$, VPM을 함수 $g$라고 정의한다면 분석적 툴은 $X$ 집합이 된다. 분석적 툴, 즉 $X$ 집합 내의 원소는 PESTEL, SWOT, 5

Forces, VARIM 등이 될 것이다. 이때 PESTEL을 $x1$, SWOT을 $x2$ 등으로 정의할 수 있다.

만약 PESTEL 기법으로 BMC를 분석한다면 $f(x1)$이라는 결과가 나타날 것이고, VPM을 분석한다면 $g(x1)$이라는 결과가 나타날 것이다. SWOT 기법으로 BMC를 분석하면 $f(x2)$, VPM을 분석하면 $G(x2)$가 된다. 이때 $f(x1)$과 $f(x2)$는 같은 결과값이 나타날 수도 있지만 다른 결과값이 도출될 수도 있다. $f(x1)$과 $g(x1)$의 경우에도 마찬가지이다.

즉, 어떠한 분석적 툴로 BMC와 VPM을 분석하느냐에 따라 그 결과는 상이하다. 그렇기 때문에 분석적 툴과 BMC, VPM 간의 관계를 위 그림과 같은 함수의 형식으로 표현할 수 있는 것이다. 위 함수 그림을 이해하고 BMC와 VPM을 분석한다면 보다 더 체계적이고 합리적인 LKK 모델을 설계할 수 있게 될 것이다.

## 7. LKK 모델의 활용 방안

마지막으로 LKK 모델을 통해 기업은 경쟁력 있는 비즈니스 모델을 실행 가능한 비즈니스 아키텍처와 IT 아키텍처로 설계 가능한 기반을 갖추게 될 것이다. 왜냐하면 비즈니스 모델은 그 자체가 기업 운영을 위한 상세 내용이며, 전략 수립부터 실행 그리고 운영관리에 걸쳐 사용되는 경영의 필수 조건이기 때문이다.

LKK 모델은 기업의 CEO, C-Level 리더, 비즈니스 전략가, 포트폴리오 관리자, 리스크 관리자, 감사팀, IT 운영팀, 업무 분석가 등에서 폭넓게 사용될 것이며, LKK 모델을 통해 비전과 목표 달성을 위한 전략적 과제들을 상세하고 명확히 하여 전략적 능력(Strategic Capability)으로 구체화하게 된다. 이를 위해 업무별 프로세스, 지식, 기술, 조직들이 프로세스 능력(Process Capability)으로 발전되어야 하며, 마지막으로 응용 가능성 및 데이터 활용 능력이 애플리케이션 능력(Application Capability)으로 구현되어 비전과 목표를 실현할 수 있는 체계적이고 추적 가능한 방법으로 설계되어야 한다. 아울러 전략을 실행하기 위해 필요한 능력을 정의한 전략적 능력은 비즈니스 아키텍처로 변환 및 전환되어 실행 가능한 수준으로 현실화되어야 하며, 상세화 및 명료화 과정을 거친 비즈니스 아키텍처는 그 자체가 비즈니스의 핵심 내용이기 때문에 모든 경영 활동에 기반이 된다. 또한 비즈니스 아키텍처는 비전과 전략을 현실화하고 이를 IT 아키텍처가 비즈니스 모델 및 가치 제안 맵과 일관성 있는 연계가 되도록 설계되어야 한다. 비즈니스 아키텍처와 IT 아키텍처의 연계는 높은 수준의 고객 만족 서비스를 위해 보다 빠르게 지원하는 디지털 트랜스포메이션 시대에서 필수적인 원칙이기 때문이다.

# 디지털 트랜스포메이션 시대의 비즈니스는 알고리즘이 지배한다



Part 4

## 1. 알고리즘 사고력(Algorithmic Thinking)이란?

현대 사회는 복잡하고 다변적이다. 매 순간 수많은 분야에서 변화와 혁신이 발생하고 있으며, 그 속도는 점점 더 빠르게 진행되고 있다. 변화와 혁신의 모습은 대부분 디지털(Digital)이다. 얼굴을 맞대고 이야기하는 시간보다 온라인 메신저로 대화하는 시간이 길어졌고, 심지어 결혼식이나 생일, 심지어 장례식 조문 등도 온라인으로 진행되는 경우가 많아졌다. 이는 코로나 바이러스의 창궐로 더욱 가속화된 문화이기도 하다.

출처 : 카카오페이

▲ 온라인 메시지 축의금 전달

### 1.1 디지털은 비즈니스 환경에도 도입되고 있다.

비즈니스 환경도 예외는 아니다. 손으로 하던 일을 디지털 툴(Digital Tool)이 대신하고, 공장의 작업은 대부분 인공지능과 로봇이 진행한다. 심지어 코로나 바이러스의 전파로 인해 사무실로 출근하지 않고 집에서 온라인으로 근무하는 디지털 워크(Digital Work)의 시대가 도래하기도 했다.

이처럼 복잡한 디지털 시대의 비즈니스 환경에서 도태되지 않고 나아가기 위해서는, 앞서 말했듯 체계화된 비즈니스 아키텍처가 구축되어야 한다. 최적의 비즈니스 아키텍처를 설계하기 위해서는 알고리즘 사고력(Algorithmic Thinking)과 디지털 아키텍트(Digital Architect)의 역량, 두 가지 핵심 요소가 필요하다.

## 1.2 알고리즘 리더와 디지털 아키텍트의 차이는?

앞서 Part 2에서 언급했듯이 융합형 리더는 비즈니스 전문성과 IT 기술 전문성 역량을 모두 내재하고 있어야 한다. 알고리즘 사고력과 디지털 아키텍트의 역량 모두 이 두 가지 요소를 포괄한다. 하지만 그 비중을 어떻게 두느냐에 따라 차이가 발생한다. 본 Part에서 다루게 될 알고리즘 사고력은 IT 기술 전문성보다 비즈니스 전문성의 비중이 더 높은 형태를 보이는 역량이다.

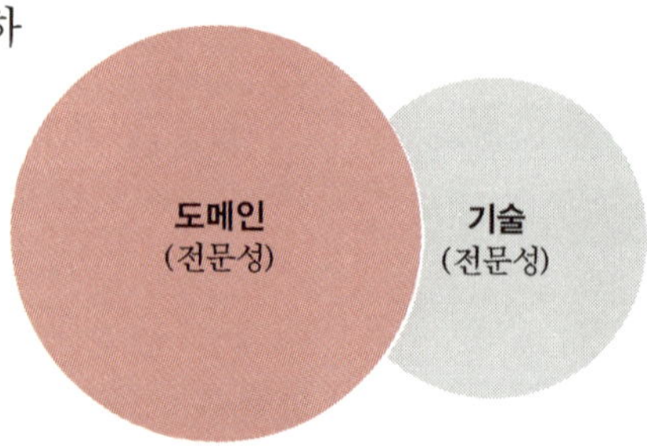


▲ 비즈니스 전문성의 비중이 더 높은 알고리즘 사고력

그렇다면 첫 번째 요소인 알고리즘 사고력이란 무엇일까?

## 1) 알고리즘 사고력이란?

### ① 알고리즘의 유래

알고리즘(Algorithm)이란 용어는 대수학의 아버지 알-콰리즈미(Al-Khwarizmi)의 이름에서 유래되었다. 알-콰리즈미는 페르시아의 수학자로, 페르시아 최초의 수학책을 만들어 대수학의 아버지로 불리운다. 알-콰리즈미의 책에서 알고리즘이라는 용어가 비롯되었는데, 그 책의 원본은 현재 남아 있지 않지만 1857년에 라틴어 번역본이 발견되면서 세상에 드러나게 되었다.

"알고리트미(Algorithmi)가 말하기를…"

알-콰리즈미의 책 서두는 위와 같은 문장으로 시작하는데, 이것은 알-콰리즈미의 이름이 알고리트미로 변한 것이다. 이 알고리트미가 알고리즘으로 변해 지금의 알고리즘이라는 용어가 생겨났다는 설이 가장 유력하다. 원서를 라틴어로 번역하면서 알고리즘(Algorism)은 전통적인 산술을 수행할 때 주판을 사용하는 방식이 아닌 인도의 아라비아 숫자 사용을 의미하게 되었다. 이후 19세기 경에 Algorism이 Algorithm으로 진화하면서, '문제를 해결하거나 수학에서 과제를 수행하는 임의의 절차'를 의미하게 되었다.

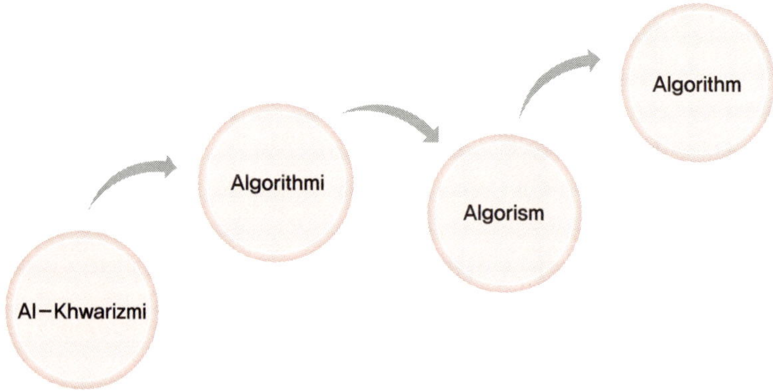


▲ 용어 '알고리즘(Algorithm)'의 형성 과정

### 2) 그렇다면 알고리즘은 무엇인가?

현대 시대에서 정의하는 알고리즘은 다음과 같다.

"어떠한 문제를 해결하기 위해 정해진 일련의 절차나 방법을 공식화한 형태로 표현한 것"

알고리즘이라는 개념 자체는 수천년 전 이미 등장했으며, 그 기원은 고대에서부터 시작한다. 당시의 저명한 사상가들도 알고리즘을 활용해 문제를 해결했다.

지금은 온라인 검색에서 인공지능에 이르기까지 모든 영역에 알고리즘이 이용되는 이른바 알고리즘 시대이다. 2017년에 미국의 퓨리서치 센터(Pew Research Center)는 프로그램 코드에 대한 의존성이 높은 알고리즘 시대의 주요 이슈들을 분석한 보고서를 발표했는데, 그 보고서에서 "우리의 일상 어디에나 알고리즘이 존재한다(Algorithm will continue to spread everywhere)"라고 언급했다. 다음은 본 보고서에서 언급한 주요 7가지 테마이다.

1. 알고리즘은 모든 부분에 적용될 것이다.
2. 알고리즘의 혜택은 앞으로 점점 많아질 것이다.
3. 데이터와 예측 모델이 우선시되는 경우 인간적인 측면과 인간의 가치 판단적인 요소는 사라질 것이다.
4. 알고리즘적으로 조직된 시스템에서 편견은 존재한다.
5. 알고리즘적인 분류는 격차를 심화시킨다.
6. 실업은 증가할 것이다.
7. 알고리즘을 이해하는 능력, 투명성, 감시에 대한 수요는 증가할 것이다.

위 테마를 보면 알 수 있듯이, 알고리즘은 현대 사회의 대부분의 요소에 적용되고 있다. 하지만 좋은 의도로 개발된 알고리즘이라도 예상치 못한 부정적인 결과를 초래할 수 있음을 시사한다. 알고리즘을 정확히 이해하고 올바로 활용해야 부정적인 경우의 수를 줄이고 높은 효율을 이끌어 낼 수 있다. 이를 위해 필요한 역량이 바로 알고리즘 사고력이다.

### 3) 알고리즘 사고력

알고리즘 사고력이 처음으로 다뤄진 곳은 2020년에 출간된 미래학자 마이크 월시(Mike Walsh)의 저서 『알고리즘 리더』이다. 월시는 세계 최고의 비즈니스 리더, AI 개척자, 데이터 과학자를 수년에 걸쳐 인터뷰 및 연구한 결과를 바탕으로, 알고리즘 시대를 이끌어 갈 새로운 리더십은 알고리즘 리더(Algorithmic Leader)라고 주장한다.

우리는 "알고리즘 리더"를 바탕으로, 알고리즘 사고력을 다음과 같이 정의했다.

> "복잡한 디지털 시대에 알고리즘을 최적의 방안으로 자신의 의사결정과 운영 방식에 적용해 창의적 결과를 창출하는 사고방식"

그렇다면 현대 사회에서 알고리즘 사고력은 왜 중요한 것일까?

## 2. 왜 알고리즘 사고력인가?

### 2.1 디지털 트랜스포메이션의 시대, 대부분은 실패한다

사물인터넷(Internet of Things ; IoT), 인공지능(Artificial Intelligence ; AI), 빅데이터(Bigdata), 클라우드(Cloud) 등 다양한 기술의 발달로 이른바 디지털 시대가 도래했다. 대부분의 산업 군에서는 변화의 흐름에 맞춰 디지털 트랜스포메이션을 시도하고 있다.

하지만 디지털 트랜스포메이션을 시도하는 기업의 70%는 실패를 겪고 있다. 맥킨지(Mckinsey & Company)의 조사에 따르면 디지털 기반의 산업(기술, 미디어, 통신 등)에서조차 성공률이 26%가 채 되지 않고, 전통적인 산업(석유, 자동차, 제약 등)은 4 ~ 11%로 더욱 처참한 결과가 나타나고 있다. 즉, 약 70%의 기업은 디지털 트랜스포메이션을 시도해도 실패에 봉착한다는 것이다.

그렇다면 왜 상당수의 기업이 디지털 트랜스포메이션에 실패하는 것인가? 이는 대부분의 리더들이 디지털 트랜스포메이션에 대해 잘못 이해하고 있기 때문이다. P&G(The Procter & Gamble Company)에서 디지털 트랜스포메이션을 총괄하고, 현재 디지털 트랜스포메이션 컨설턴트로 일하고 있는 토니 살다나(Tony Saldanha)에 따르면 '명확한 목표와 그것을 달성하기 위한 정교한 프로세스의 부재'가 디지털 트랜스포메이션 실패의 주 이유이다. 이러한 불명확한 목표는 '디지털(Digital)'이라는 용어에 대해 잘못된 해석을 갖기 때문에 나타난다. 그가 기업 임원 100명에게 "디지털 트랜스포메이션은 당신에게 무엇을 의미하는가?"라고 물었을 때, "인공지능이다"라고 답하는 임원이 많았다고 한다.

## 2.2 실패의 원인은 리더의 문제일 수 있다

위와 같은 상황은 굉장히 심각한 문제이다. 대부분의 리더들은 디지털 트랜스포메이션의 핵심을 최신 기술 도입이라고 생각한다는 것인데, 중요한 것은 단순한 기술 도입이 아닌 리더 자신이 변혁의 대상임을 인지하는 것이기 때문이다.

MIT 슬론 매니지먼트 리뷰(MIT Sloan Management Review)가 전 세계 기업 임원들을 대상으로 실시한 조사에 따르면 임원들이 성공적인 디지털 트랜스포메이션을 위해 가장 중요한 리더의 스킬로 꼽은 것은 '변혁적 비전'이었다. 즉, 기술보다 비전 역량이 리더의 중요한 자질이라는 것이다.

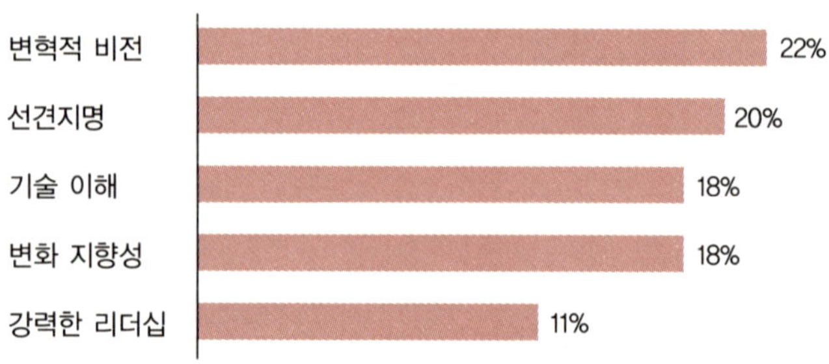


출처 : "How Digital Leadership Is(n't) Different", MIT 슬론 매니지먼트 리뷰

▲ 디지털 일터를 성공적으로 구축하는 데에 가장 필요한 리더의 스킬

하지만 현재 대부분의 리더들은 어떠한가? 변혁의 대상이 리더 자기 자신임을 받아들이지 않고, 무작정 파괴적 기술 혁신만을 도입하고 있다. 이로 인해 나타나는 문제는 바로 의사결정이다. 단계별 디지털 트랜스포메이션 전략을 실행하는 단계에서 리더들은 다양한 상황

별 문제점을 마주하게 된다. 이때 리더들은 최적의 의사결정을 수행할 수 있어야 하는데, 쉽게 결정을 내리지 못하는 문제가 발생하는 것이다.

이처럼 의사결정의 어려움을 겪는 리더들에게 필수적인 역량이 바로 알고리즘 사고력(Algorithmic Thinking)이다. 알고리즘 사고력을 활용하면 단순히 의사결정에서 그치지 않을 수 있다. 알고리즘을 최적의 방안으로 적용해 의사결정 및 운영 방식에 활용한다면 기대했던 바보다 훨씬 창의적인 결과를 도출해 낼 수 있기 때문이다. 즉, 리더들은 알고리즘 사고력을 통해 위에 나타난 문제에 대한 해법을 찾는 기회를 모색함과 동시에, 새로운 영역을 발굴할 수 있는 가능성 역시 개척해낼 수 있어야 한다.

그렇다면 알고리즘 사고란 대체 어떻게 하는 것인가? 알고리즘 사고력은 크게 두 가지 사고력으로 구성되어 있다. 바로 컴퓨팅 사고력(Computational Thinking)과 확률적 사고력(Probabilistic Thinking)이다. 먼저 컴퓨팅 사고력에 대해 살펴보자.

# 3. 일론 머스크의 컴퓨팅 사고력(Computational Thinking)

## 3.1 컴퓨팅 사고력의 정의

카네기멜론대학(Carnegie Mellon University)의 컴퓨터공학 교수이자 현 마이크로소프트(Microsoft) 연구소의 부사장인 지넷 윙(Jeannette Wing)은 2006년 *Communications of the ACM*이라는 학술지에 "컴퓨팅 사고력(Computational Thinking)"이라는 논문을 발표했다. 이 논문에서 윙이 컴퓨팅 사고력이라는 용어를 처음 사용하면서 이 개념이 유행하기 시작했다. 이 개념을 기반으로 본 책에서 정의하는 컴퓨팅 사고력은 다음과 같다.

"효과적으로 해결책을 도출할 수 있도록 알고리즘 사고를 통해 문제를 정의해 최적의 방안을 제시하는 일련의 사고 과정"

윙은 컴퓨팅 사고력이 누구나 배워서 활용할 수 있는 보편적인 사고이자 기술이라고 주장하며, 아이들도 기본적으로 갖추어야 하는 역량이라고 언급했다. 윙이 제시한 컴퓨팅 사고력의 6가지 특징은 다음과 같다.

1. 컴퓨팅 사고력의 핵심은 프로그래밍이 아닌 개념화이다.

2. 단순 반복적인 기술이 아닌 모든 사람이 갖춰야 하는 핵심 역량이다.

3. 컴퓨터가 아닌 인간의 사고방법이다.

4. 수학적 사고와 공학적 사고의 보완과 결합이다.

5. 인공물이 아닌 아이디어이다.

6. 모두를 위한 것이다.

이렇듯 컴퓨팅 사고력은 프로그래밍이나 코딩에서만 사용되는 역량이 아닌 일상생활을 포함한 모든 상황에서 활용될 수 있는 의사결정 방법이다. 그렇기 때문에 비즈니스 의사결정이나 리더 선에서 의사결정을 진행해야 할 때 유용하게 활용될 수 있다.

## 3.2 컴퓨팅 사고력의 활용법

그렇다면 컴퓨팅 사고력은 어떻게 사용하는 것일까? 구글(Goo-

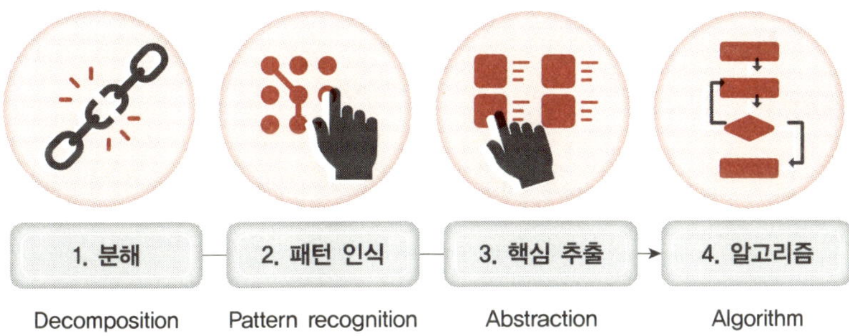


▲ 컴퓨팅 사고력의 4단계 프로세스

gle)은 컴퓨팅 사고력을 네 가지 코스로 나눠서 설명한다. 코스는 '분해(Decomposition) – 패턴 인식(Pattern recognition) – 핵심 추출(Abstraction) – 알고리즘 설계(Algorithm)'로 구성된다.

먼저 분해는 복잡한 문제를 잘게 나누어 간단한 여러 개의 작은 문제로 분해하는 것을 의미한다. 분해는 일상생활에서도 자주 활용되곤 한다. 대표적인 예로 요리가 있다. 볶음밥을 만든다고 하면 다음과 같은 순서가 머리 속에 떠오를 것이다.

1. 식용유를 두르고 파를 넣어 파기름을 낸다.
2. 파가 어느 정도 익으면 익는 순서를 고려해 각종 야채를 넣어 볶는다.
3. 야채가 어느 정도 익으면 밥을 넣고 볶는다.
4. 밥과 야채가 어느 정도 볶이면 계란을 넣고 볶은 뒤 후추와 소금을 넣어 간을 한다.

이처럼 요리를 할 때 우리는 순차적으로 이뤄지는 여러 단계를 통해 음식을 완성한다. 이러한 과정이 바로 컴퓨팅 사고의 첫 단계인 분해이다.

다음 코스는 패턴 인식이다. 패턴(Pattern)은 문제를 해결하는 데 있어 반복되는 현상을 일컫는 말로, 패턴 인식은 이러한 패턴을 찾아내는 것을 의미한다. 주로 패턴 인식은 문제를 작은 문제로 잘게 나누고 나서 패턴을 파악할 때 더욱 수월해진다. 다음 코스인 핵심 추출과 알고리즘 설계를 위해서는 필수적으로 거쳐야 하는 과정이기 때문에, 컴퓨팅 사고에서 매우 중요한 단계이다.

앞의 볶음밥 만드는 과정을 다시 떠올려 보자. '볶음밥을 만든다'라는 큰 문제에서는 패턴을 파악하기가 힘들다. 하지만 이를 '야채, 밥, 기타 부가 재료'로 구분한 뒤 이에 따라 재료를 준비하면 훨씬 패턴을 파악하기가 쉽다. 이처럼 큰 문제를 작은 문제로 분해하고 나면 보이지 않던 패턴이 나타나게 되는 경우가 많다.

패턴 인식을 잘 활용한 케이스로 수학자 가우스(Johann Carl Friedrich Gauss)를 떠올릴 수 있다. '1부터 100까지 더하기'라는 문제가 주어졌을 때 대부분의 사람들은 1부터 순차적으로 더해 나가는 방법을 생각했다. 하지만 가우스는 남들과 완전히 다른 방식으로 문제를 풀어냈다.

$$1 + 100 = 101$$
$$2 + 99 = 101$$
$$3 + 98 = 101$$
$$\vdots$$
$$48 + 53 = 101$$
$$49 + 52 = 101$$
$$50 + 51 = 101$$
$$\vdots$$
$$101 \times 50 = 5{,}050$$

가우스는 남들처럼 순차적으로 더하는 방식이 아닌, 첫 숫자와 끝 숫자를 더하고 각각 그 다음 숫자를 중간으로 좁혀가며 짝을 지어 더하는 방법으로 문제를 해결해 나갔다. 이러한 방식으로 더하기를 진행하면 '101'이라는 공통된 패턴이 발생한다. 더하기의 결과가 101인 식이 50개가 나오므로, 5,050이라는 답을 쉽게 도출해 낼 수 있는 것이다. 이처럼 가우스가 문제 안에 있는 패턴을 찾아낼 수 있었기 때문에 남들보다 훨씬 쉽고 빠른 방법으로 문제를 해결해 낼 수 있었다.

세 번째 코스는 핵심 추출이다. 다른 말로 추상화라고 부르기도 한다. 핵심 추출은 패턴 인식 과정에서 패턴을 발견하면 그 패턴에서 불필요한 부분들을 제거하고 핵심적인 요소들만 남김으로써 문제를 단순화하는 단계이다. 위의 가우스의 예를 다시 살펴보자. 더하는 과정에서 도출되는 결과가 101이라는 것을 알 수 있고, 같은 방식으로 계속 더하기를 진행할 경우 다른 모든 식의 결과는 '101'이 똑같이 나올 것이다. 즉, 모든 식을 일일이 더해 볼 필요 없이 101이 나오는 식의 개수만 파악하면 101에 식의 개수를 곱해 쉽게 답을 도출해 낼 수 있다. 이처럼 모든 식을 더하는 것이 아닌 핵심 요소들만 추출해 문제를 단순화하는 것이 핵심 추출의 단계이다.

마지막 코스는 알고리즘 설계이다. 이전의 세 가지 단계를 거쳐 도출된 결과물을 가지고 문제 해결을 위한 공식 또는 절차를 구성하는 코스이다. 세계적인 바둑 기사 이세돌과의 대결로 큰 화제가 되었던 알파고(Alpha Go)도 알고리즘이 사용된 대표적인 예이다. 바둑에서 경우의 수는 매우 많고 상대방이 대응한 수에 따라 컴퓨터라도 모든 경우의 수를 짧은 시간에 계산해 볼 수 없으므로 가능한 많은 경우의 수를 예측한 뒤 그중 최적의 수를 찾아 결정한다. 알파고는 이 프로세서를 상대방이 둔 수마다 반복을 해 대국을 두는 것이다. 매우 복잡한 수준의 알고리즘이 적용된 예라 할 수 있다.

### 1) 컴퓨터 사고력 활용 사례 1—영화 “네이든” 카드 문제

영화 “네이든”에서 컴퓨팅 사고력을 활용한 흥미로운 카드 문제를 볼 수 있다. 문제는 다음과 같다.

1. 20개의 카드가 모두 뒤집힌 채(뒷면인 채) 일렬로 나열되어 있다.
2. 임의의 한 카드를 선택해 뒤집을 수 있고, 카드를 뒤집을 경우 뒤집은 카드의 오른쪽에 있는 카드도 같이 뒤집어야 한다.
3. 무작위의 카드를 뒤집는 행위를 계속 반복할 경우, 모든 카드가 앞면을 바라보는 배열을 완성할 수 있음을 증명하라.

영화 속 소년은 다음과 같은 방식으로 문제를 증명해낸다.

1. 뒤집혀져 있는 카드(뒷면인 카드)를 1, 뒤집은 카드(앞면인 카드)를 0이라고 가정한다.
2. 몇 번의 선택으로 뒤집는 과정을 하다 보면 아래와 같은 배열이 나올 수도 있다.

10011010

3. 위와 같은 배열에서 1 1을 뒤집을 경우, 0 0이 되므로 배열은 다음과 같아진다.

10000010

4. 여기서 또 1 0을 뒤집을 경우, 배열은 다시 다음과 같아진다.

10000001

5. 여기서 마지막 1을 또 뒤집으면 배열은 다음과 같아진다.

10000000

6. 위의 배열들을 보면 뒤집는 행위를 반복할수록 1의 개수는 줄어들고 0의 개수는 늘어나는 것을 알 수 있다. 그러므로 카드를 뒤집는 행위를 반복하다 보면 결국 1은 남지 않고 0만 남는 배열이 나올 수 있다.

소년의 풀이와 같이, 카드를 뒤집는 행위를 반복하다 보면 뒤집혀 있는 카드의 개수는 점점 줄고, 뒤집은 카드의 개수는 점점 늘어나 결국 모든 카드가 앞면이 나오는 배열을 완성할 수 있다. 이와 같은 풀이는 카드의 개수가 20개가 아니라 임의의 $N$개일 때도 모두 적용된다. 그렇다면 소년은 어떻게 이와 같은 풀이를 생각할 수 있었을까?

소년은 먼저 뒤집혀 있는 카드를 1, 뒤집은 카드를 0으로 분류했다. 컴퓨팅 사고력의 분해 단계에 해당하는 것이다. 이후 1 1인 카드나 1 0인 카드를 뒤집으면 1은 줄어들고 0은 늘어난다는 사실을 발견했다. 이는 곧 패턴 인식의 단계에 해당한다. 이러한 패턴을 바탕으로, 1 1이거나 1 0인 카드를 계속해서 뒤집으면 1은 줄어들고 0은 늘어난다는 핵심을 파악했다. 이는 핵심 추출의 단계에 해당한다. 최종적으로, 1 1이거나 1 0인 카드를 계속해서 뒤집으면 최종적으로 모든 카드가 0인 배열을 완성할 수 있다는 결론을 내리게 된다. 이는 곧 알고리즘화에 해당한다.

이처럼 소년은 컴퓨팅 사고력의 4가지 단계에 걸쳐 문제를 해결해냈다. 무작정 증명하려 달려들면 큰 문제에 대한 해답을 찾기 어렵지만, 소년처럼 작은 문제로 쪼개어 패턴을 파악하고 이에 대한 핵심을 바탕으로 결론을 도출하는 컴퓨팅 사고력 프로세스를 따르면 보다 수월하게 문제를 해결하는 것이 가능해진다.

### 2) 컴퓨터 사고력 활용 사례 2—카카오버스(前 서울버스)

국내에도 이러한 4단계의 컴퓨팅 사고력을 활용해 문제를 해결한 사례가 존재한다. 우리는 버스를 이용하기 위해 버스 도착 시간이나 탑승 정류장 정보 그리고 버스 노선 등을 확인할 때 스마트폰으로 버스 애플리케이션만 켜면 손쉽게 이러한 정보를 얻을 수 있다. 하지만 이러한 애플리케이션이 존재하기 전에는 굉장한 불편함을 감수해야만 했다. 언제 버스가 도착할지 모르고, 어느 정류장에 어떤 버스가 서는지도 알기 어려웠다. 이러한 불편함을 해결하기 위해 개발된 애플리케이션이 '카카오버스(前 서울버스)'이다.

고등학교 2학년이던 유주완 군은 '버스 도착 정보를 알 수 있으면

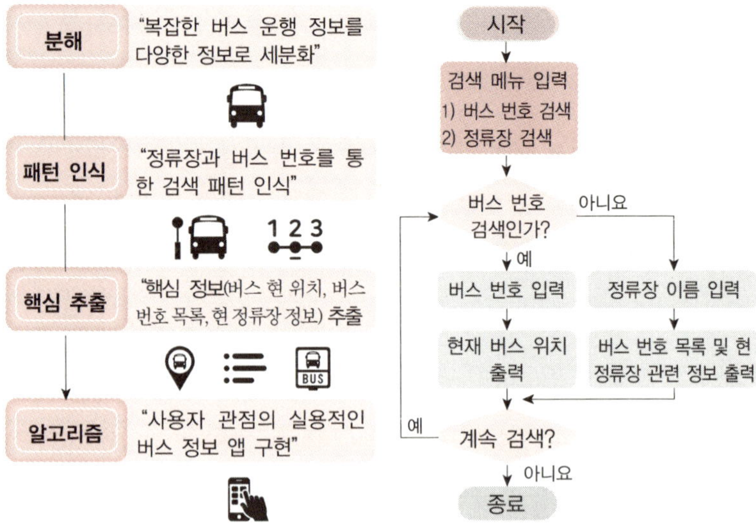


▲ 컴퓨팅 사고력을 활용한 카카오버스 개발 과정

무작정 기다리지 않아도 되지 않을까?'라는 생각으로 버스 관련 정보를 제공하는 애플리케이션을 개발하기 시작했다. 애플리케이션 개발 과정에서 유주완 군이 활용한 방법이 바로 컴퓨팅 사고력이다. 먼저 복잡한 버스 운행 정보를 정류장, 버스 노선, 운행 시간, 배차 간격 등의 다양한 정보로 세분화했다. 이후 분석된 다양한 정보들 중에서 정류장과 버스 번호를 통한 검색 패턴을 파악했다. 그리고 파악한 패턴을 통해 결국 사용자에게 전달할 핵심 정보는 '현재 버스 위치 및 버스 번호 목록 그리고 현 정류장 관련 정보'임을 추출할 수 있었다. 이렇게 추출된 핵심 정보를 활용해 알고리즘의 형태로 도식화했고, 사용자 관점에 적합한 실용적인 버스 정보 애플리케이션을 개발할 수 있었다.

## 3.3 의사결정에 효율적인 컴퓨팅 사고력, 제1원칙

위와 같이 컴퓨팅 사고에는 4가지 단계가 존재한다. 하지만 이를 의사결정에 적용한다는 것은 쉬운 일이 아니다. 컴퓨팅 사고력을 의사결정에 활용하려면 어떤 방법을 사용해야 할까? 정답은 '제1원칙에 의한 추론'이다.

추론에는 두 가지 유형이 존재한다. 첫째는 '유추에 의한 추론'이고 나머지 하나는 '제1원칙에 의한 추론'이다. 유추에 의한 추론은 다른 사람들이 하는 것에 약간의 변형만 주어 따라 하는 직관적인 사고법을 일컫는다. 테슬라(Tesla), 스페이스 X(Space X) 등을 이끌고 있는 사업가 일론 머스크(Elon Reeve Musk)는 대부분의 사람들이 유추에 의한 추론을 하고 있으며, 평소에도 유추에 의한 추론을 하는 것이 맞다고 주장한다. 그렇지 않으면 정신적으로 매일을 견디기 힘들기 때문이다.

하지만 새로운 분야에 시도할 때는 직관적이지 않은 색다른 접근이 필요하다고 언급하며 '제1원칙에 의한 추론'을 강조한다. 제1원칙에 의한 추론은 고대 그리스 철학자 아리스토텔레스(Aristotles)가 주장한 개념으로, 현상(現象)이 아닌 문제의 본질을 파고들어야 함을 강조하면서 제시했다. 아리스토텔레스는 제1원칙을 '어떤 것에서 얻을 수 있는 첫 번째 근거'라고 정의했다. 이를 기반으로 제1원칙에 의한 추론을 정의하면 다음과 같다.

"우리가 아는 기본적인 것들로 문제를 나누고 거기서부터 근거를 쌓아가는 기법"

### 1) 제1원칙의 비즈니스 적용 사례 1—테슬라

즉, 제1원칙에 의한 추론은 물질의 근본적인 것까지 파고들어 그것으로부터 생각해 나가는 물리적인 접근법이라고 볼 수 있다. 일론 머스크는 제1원칙에 의한 추론을 잘 활용해 사업 효율을 이끌어낸 대표적인 인물 중 한 명이다. 일론 머스크는 테슬라 전기 자동차의 배터리 팩을 제조할 때 너무 비싼 제조 비용으로 골머리를 앓고 있었다. 대부분의 사람들은 과거부터 배터리 팩 제조에 매우 높은 비용이 들었기 때문에 앞으로도 그럴 것이라고 생각했다. 하지만 일론 머스크는 그렇게 생각하지 않았다. 배터리 팩 제조에는 1kWh(킬로와트시, Kilowatt hour)당 600달러가 필요했다. 일론 머스크는 다음과 같은 질문을 먼저 던졌다.

"배터리 팩은 어떤 재료들로 구성되어 있는가?"

배터리 팩은 코발트(Cobalt), 니켈(Nickel), 알루미늄(Aluminum), 카본(Carbon), 가체 분리용 중합체, 밀봉용 캔으로 구성되어 있다. 일론 머스크는 배터리 팩을 성분의 재료들로 쪼갠 뒤 이 재료들을 최저 원가로 구할 수 있는 공급 시장을 찾기 시작했다. 그 결과 런던금속거래소에서 재료들을 구매한다면 배터리 팩을 1kWh당 80달러에 제조할 수 있다는 결론을 내렸다. 즉, 배터리 팩 1kWh당 제조 가격을 약 87%인 520달러나 감소시키면서 막대한 이익을 창출할 수 있게 되었다.

### 2) 제1원칙의 비즈니스 적용 사례 2—타깃

제1원칙에 의한 추론을 통해 막대한 경제적 이익을 거둔 케이스는 일론 머스크뿐만이 아니다. 미국의 종합 유통업체 타깃(Target) 역시 제1원칙에 의한 추론을 활용해 엄청난 매출 증가를 기록했다. 타깃은 여성 고객에 집중해 마케팅을 진행하려는 계획을 세웠다. 여성 고객들의 마음을 사로잡기 위한 방법에 대해 고민하던 중, 사람들은 인생에서의 중대한 사건을 겪을 때 갑자기 습관이 바뀌고 소비 행태도 변하는 경향이 있다는 연구 사실을 접하게 되었다. 그렇다면 여성이 인생에서 겪는 중대한 사건은 무엇일까?

타깃이 내린 결론은 임신이었다. 여성은 임신과 출산을 통해 감정적으로 큰 폭의 변화를 겪기 때문에 쇼핑 습관도 변하기가 쉽다는 결론이었다. 만약 임신부들이 신생아 용품, 임신부 용품 등의 물품을 타깃 매장에서 구매하게 유도한다면 이후 식료품이나 장난감, 의류 등의 다른 소비도 타깃 매장에서 할 확률이 높아질 수 있다. 이러한 결과를 바탕으로 타깃은 임신부들을 대상으로 한 마케팅을 진행하기로 했다.

하지만 여기서 또 다른 문제가 발생했다. 임신한 고객들을 미리

식별할 수 있어야만 했다. 그것도 다른 경쟁 기업들보다 훨씬 빠르게 식별해 내야만 했다. 이를 위해 타깃은 자체적으로 운영하고 있던 프로그램인 베이비 샤워 등록 프로그램(Baby Registry)을 활용했다. 베이비 샤워는 미국에서 출산이 임박한 임신부나 갓 태어난 신생아를 축하하는 행사로 임신부의 가까운 지인들이 신생아 용품 등의 물품을 선물한다. 타깃은 이 프로그램에 등록하는 임신부들에게 인센티브와 선물을 제공했다. 이후 프로그램에 등록한 임신부들이 구매하는 제품 데이터를 분석해 임신과 관련 있는 25개의 제품을 파악해 냈다. 다음의 과정부터는 매우 순조로웠다. 파악한 25개의 제품을 구매하는 고객들에게 임신부를 위한 맞춤 추천 쿠폰을 제공하는 마케팅 전략을 펼쳤다. 예를 들어 임신 4~6개월 무렵의 임신부들은 임신복이나 태아 비타민 같은 상품들을 구매하는 경향이 높다. 이처럼 임신 개월 수에 따라 맞춤형 쿠폰을 제공해 해당 물품을 구매하도록 유도하면서 다른 물품들도 같이 소비할 수 있게 했다.

제1원칙에 의한 추론을 활용한 마케팅의 결과는 놀라웠다. 2002년 440억 달러의 매출을 기록하던 타깃은 2010년에 무려 670억 달러의 매출을 달성했다. 8년간 약 230억 달러(한화 약 25조 3,000억 원)의 매출 성장을 달성한 것이다.

테슬라와 타깃의 경제적 이익은 결국 제1원칙에 의한 추론의 결과였다. 분해-패턴 인식-핵심 추출-알고리즘화의 순서로 진행되는 컴퓨팅 사고력의 절차를 이해하고, 제1원칙에 의한 추론으로 이를 적절히 활용한다면 카카오버스나 테슬라, 타깃과 같이 기회의 발판으로 삼을 수 있다.

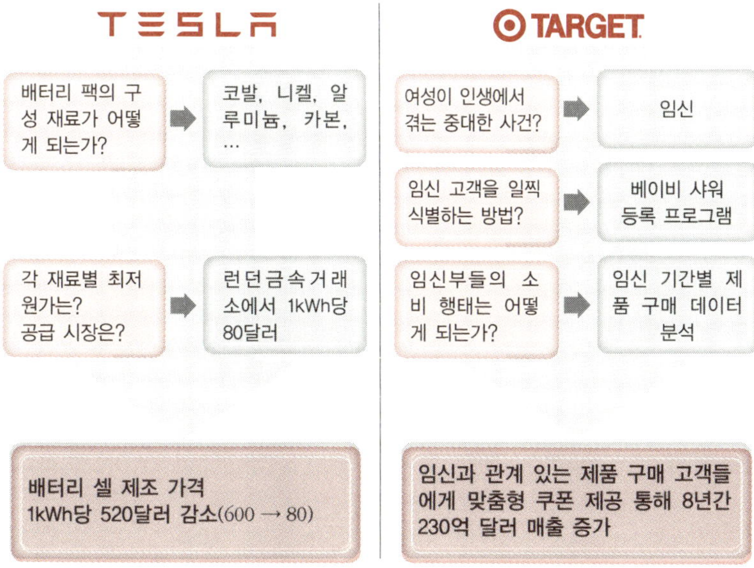


▲ 테슬라와 타깃의 제1원칙에 의한 추론 과정

## 4. 토머스 베이즈의 확률적 사고력(Probabilistic Thinking)

### 4.1 확률적 사고력이란

우리는 지금까지 알고리즘 사고력을 위한 첫 번째 사고력인 컴퓨팅 사고력에 대해 알아보았다. 하지만 컴퓨팅 사고력만으로는 알고리즘 사고력을 완전히 이해하고 활용하기는 어렵다. 알고리즘 사고력의 두 번째 사고력인 확률적 사고력까지 체득했을 때 진정한 알고리즘 사고력을 제대로 활용할 수 있다. 확률적 사고력의 정의는 다음과 같다.

"가설 설정 후, 다양한 정보를 확률적으로 검증하고 그 결과를 토대로 확률이 높은 것으로 결정해 나가는 사고 과정"

현대 사회는 바야흐로 데이터의 홍수 시대이다. 이러한 빅데이터 시대에 확률적 사고는 데이터를 해독하는 능력과 같다. 리더에게 숫자는 곧 정보이다. 확률적 사고를 활용한다면 불확실성이 큰 상황에서 모르는 부분과 모르는 가운데도 아는 부분으로 상황을 정리해 생각할 수 있고, 이는 곧 의사결정의 불확실성을 줄여주어 선택을 할 때 후회와 불안을 줄이는 효과를 볼 수 있다.

### 1) 확률적 사고력의 기반 이론—베이즈 정리

확률적 사고는 기본적으로 베이즈 정리(Bayes' theorem)을 기반으로 한다. 조건부 확률이라고도 잘 알려져 있는 베이즈 정리는 두 확률변수의 사전 확률과 사후 확률 사이의 관계를 나타내는 정리이다.

베이즈 정리(조건부 확률) = $P(A \mid B)$

확률 공간에서 두 사건 $A, B$가 있고 $P(B) > 0$일 때, 사건 $B$가 일어나고 사건 $A$가 일어날 확률

$P(A \mid B) = P(A \cap B) \mathbin{/} P(B)$ (단, $P(B) \neq 0$)

9 · 11 테러를 들여다본다면 베이즈 정리를 한층 이해하기 수월하

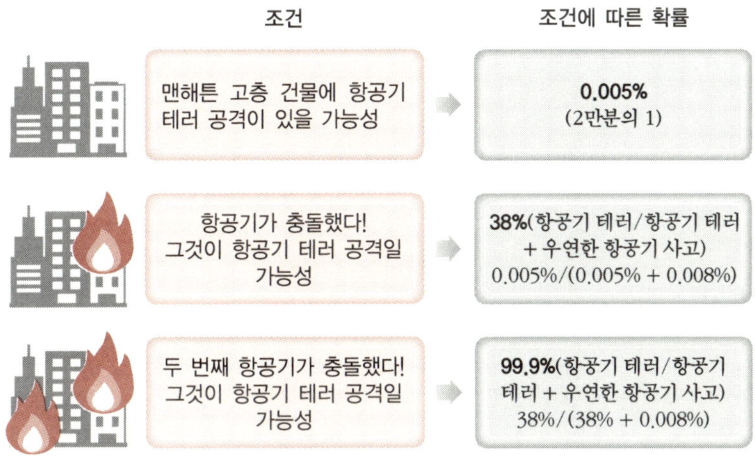


▲ 9.11 테러를 통해 바라본 베이즈 정리

다. 2001년 9월 11일 화요일 아침, 테러 단체 알카에다가 미국의 월드 트레이드 센터에 4차례 항공기 테러를 가했다. 테러가 일어나기 전, 월드 트레이드 센터에 항공기 테러 공격이 발생할 확률은 0.005%였다. 이후 월드 트레이드 센터에 항공기가 충돌했다. 그것이 우연한 사고가 아닌 항공기 테러일 확률은 38%가 되었다. 그리고 두 번째 항공기가 또다시 건물에 충돌했을 때, 그것이 항공기 테러일 확률은 99.9%로 상승한다.

어떻게 이러한 결과를 도출할 수 있을까? 항공기 테러가 발생하는 사건을 $A$, 우연한 항공기 사고가 발생하는 사건을 $B$라고 하자. 항공기 테러가 발생할 확률은 $P(A)$, 우연한 항공기 사고가 발생활 확률은 $P(B)$가 될 것이다. $P(A)$는 0.005%, $P(B)$는 0.008%라는 사전 확률 정보를 데이터 분석을 통해 확보하고 있었다. 이를 바탕으로 첫 번째 항공기가 충돌했을 때, 항공기 테러일 확률은 다음과 같이 구할 수 있다.

$$P(A) = 0.005\%,\ P(B) = 0.008\%$$

$$P(A)/\{P(A) + P(B)\} = 0.005\%/(0.005\% + 0.008\%) = 38\%$$

위의 결과로 $P(A)$는 0.005%에서 38%의 확률로 증가했다. 이를 활용하면 같은 방식으로 두 번째 항공기가 충돌했을 때 그것이 항공기 테러일 확률도 다음과 같이 구할 수 있다.

$$P(A) = 38\%, P(B) = 0.008\%$$

$$P(A)/\{P(A) + P(B)\} = 38\%/(38\% + 0.008\%) = 99.9\%$$

항공기 테러가 발생할 확률은 0.005%로 매우 낮은 수치를 보였었다. 그러나 두 번의 사건이 발생하면서 확률은 38%, 이후 99.9%로 거의 확실한 수치를 보이게 되었다. 이처럼 베이즈 정리에 의하면 조건에 따른 확률이 나타날 때마다 가설에 대한 확신이 높아진다는 것을 알 수 있다.

## 4.2 확률적 사고의 활용 프로세스

그렇다면 확률적 사고란 어떠한 절차로 진행되는 것인가? 확률적 사고는 심층적 데이터 분석에 기반해 진행된다. 먼저 수집된 데이터를 탐구적으로 분석하는 과정을 거친다. 무슨 일이 일어났는지에 대해 분석하는 것이다. 이후 분석한 결과를 바탕으로 이상을 탐지한다. 즉, 무슨 일이 일어나고 있는지에 대해 파악한다. 이상에 대한 파악이 끝난 뒤 무슨 일이 일어날 것인지에 대해 다양한 예측 기법을 통해 예측을 실시한다. 이러한 현상이 어떻게, 왜 일어났는지에 대해 모델링과 실험을 통해 파악하고 이에 대한 최선의 대응을 실시간으로 마련하고 추천한다. 마지막으로 최선의 상황을 유도하기 위한 최적화 조치를 결론 내어 통찰력을 제공한다.

이러한 절차를 따라 확률적 사고를 진행하면 미래 예측은 물론 최

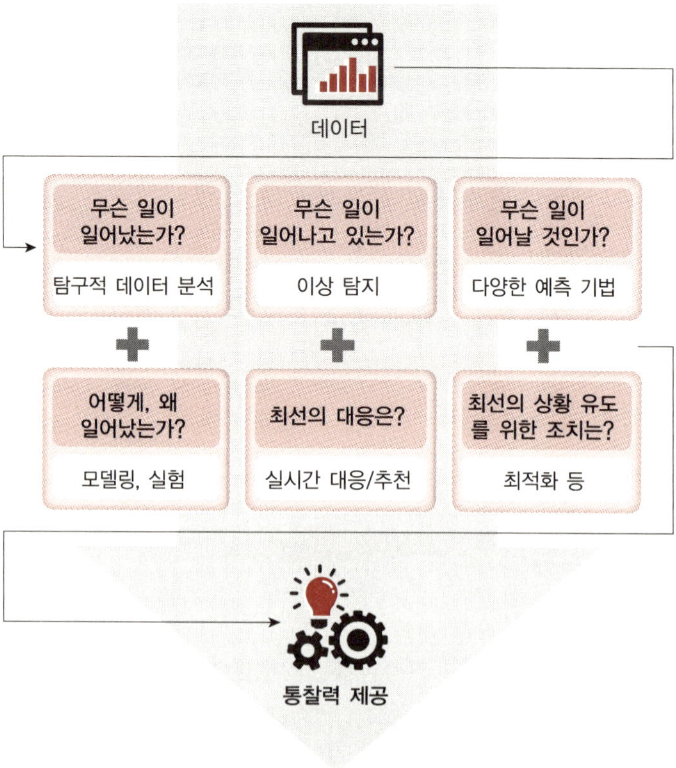


▲ 확률적 사고를 위한 프로세스

적화된 선택이 가능해진다. 기존의 리더들은 일상적 보고, 경험 법칙, 외삽 추정의 절차를 통해 보고 수준의 정보만 파악하는 것이 가능했다. 하지만 이는 최선의 대응이 불가하다는 점에서 한계가 있었고 경험이나 감에 의존하는 사고에 지나지 않았다. 확률적 사고는 리더가 심층적인 데이터 분석에 기반해 미래 예측에 대한 통찰력을 얻을 수 있도록 해준다.

## 4.3 확률적 사고력을 통한 날씨 분석, 매출을 증가시킨다

이러한 확률적 사고는 쇼핑몰 업계에서도 다양하게 활용되고 있다. 캐주얼 웨어와 속옷을 제조하는 미국 기업 프룻 오브 더 룸(Fruit of the Loom)은 확률적 사고를 활용해 날씨 예측을 통한 재고 확보에 성공했다. 프룻 오브 더 룸은 기온이 급격히 떨어질수록 사람들의 플리스 구매율이 높아진다는 전문가의 분석 결과를 도출해낸 뒤, 가을로 접어들면서 6일 이내 기온이 12도 이상 하락할 것으로 예상되는 지역을 대상으로 플리스 재고를 확충했다.

국내에도 비슷한 사례가 있다. 신세계에서 설립한 대형 유통점 이마트(eMart)는 날씨 분석을 통해 생산 비용을 절감했다. 장마와 폭염 시기에 감자 가격이 급증한다는 분석 결과를 도출한 뒤, 날씨를 미리 예측해 장마와 무더위를 피해 파종 · 수확 시기를 앞당겨 사전 물량을 확보했다. 그 결과 지난 달에는 감자 2kg당 판매 가격이 평균 5,980원으로 책정되었으나, 한 달 후 이보다 약 66% 낮아진 1,980원에 감자를 판매할 수 있게 되어 저렴한 가격 설정으로 판매량을 늘릴 수 있었다.

# 5. 알고리즘 사고력이 가져올 변화

## 5.1 정원사형 리더십

지금까지 우리는 컴퓨팅 사고력과 확률적 사고력을 통해 알고리즘 사고력에 대해 알아보았다. 그렇다면 알고리즘 사고력을 체득했을 때 어떠한 변화와 효과를 기대할 수 있을까?

먼저 정원사형 리더로서 성장이 가능하다. 미국 시사주간지 US 뉴스 & 월드 리포트(US News & World Report)는 2008년에 천재형 리더를 대신하는 정원사형 리더에 대해 소개했다. 정원사형 리더의 정의는 다음과 같다.

> "인재를 키워내 적재적소에 쓰며, 명확한 비전을 제시할 수 있는 리더"

정원사형 리더는 직원, 팀원을 지시의 대상이 아닌 스스로 생각하고 성장할 수 있는 존재로 바라본다. 그렇기 때문에 이들을 주도해서 이끄는 것이 아니라 이들을 가이드하고 서포트하는 역할로서 리더십을 발휘한다. 즉, 흙에서 자라는 식물처럼 직원들은 자신이 발전할 수 있는 방향에 대해 알고 있으며, 이를 위해 주변의 요소들과 유기적으로 상호작용하면서 성장해 나가는 존재라고 믿는 것이다.

이 때 정원사형 리더에게 가장 요구되는 역할은 직원들에게 선택권을 가능한 많이 보장하는 것이다. 그들이 하는 대부분의 업무를 일일이 감시하는 것이 아니라 우리 조직이 나아가고자 하는 방향에 대한 궁극적인 목적과 이를 위해 어떠한 업무를 진행하고 있고 이 업무가 왜 필요한지 명확하게 이해시키고 공유하는 것이 중요하다.

## 5.2 리좀형 리더로의 성장

또한 알고리즘 사고력을 키우면 리좀(Rhizome)형 리더로서 성장할 수 있는 가능성이 높아진다. 리좀은 후기 구조주의 철학자인 들뢰즈(Deleuze)와 가타리(Guarttari)가 공저한 『천 개의 고원』에 등장하는 철학 용어로, 가지가 흙에 닿아서 뿌리로 변화하는 지피식물들을 일컫는다.

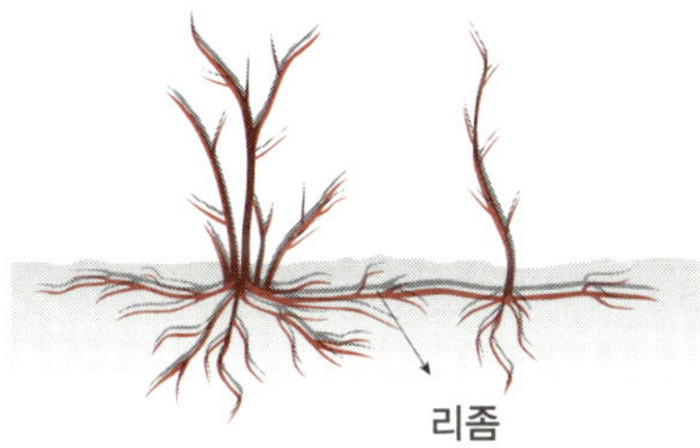


출처 : Biology Dictionary

▲ 리좀

리좀은 뿌리 줄기가 부단히 증식하며, 끊임없이 연결성을 확장하는데 리좀형 리더는 이러한 리좀처럼 연결자의 역할을 수행하는 리더를 말한다. 리좀 모델과 반대되는 개념인 수목 모델과 비교해 살펴보면 이해가 수월하다.

수목형 리더는 상하 관계가 뚜렷한 나무에서 볼 수 있듯이 굉장히 수직적인 면을 보인다. 어떻게 보면 폐쇄적이고 서열적으로 보일 수도 있다. 이러한 모습이 조직에 적용되면 매우 경직된 이미지를 가져

출처 : 「BTS 예술혁명」, 이지영

▲ 수목적 체계와 리좀적 체계

올 우려가 있다. 요약하면 수목형 리더는 중심 뿌리의 지배 하에 단일한 위계질서를 형성하며 명확히 정립된 위계질서의 상단에서 통제하는 역할을 한다.

이와 다르게 리좀형 리더는 굉장히 수평적이고 확장적인 면을 보인다. 그렇기 때문에 경직되기보다는 매우 유연한 조직 이미지를 가져오기 쉽다.

## 여기서 잠깐 리좀형 체계의 이해를 도울 만한 사례

리좀적 체계를 보다 명확히 이해하기 위해 사례를 살펴보자. 최근 국내뿐만 아니라 전 세계적으로 방탄소년단(BTS)이 매우 큰 화제가 되고 있다. UN 연설, 빌보드 차트 석권, 한류 문화를 세계적으로 전파, 기성세대와 자녀세대 간의 격차 완화 등 굉장한 활약을 보여주고 있으며, 이러한 현상을 소위 '방탄 현상'이라고 부른다.

이지영 교수가 저술한 책 『BTS 예술혁명』을 보면 다음과 같은 내용이 있다.

> "'방탄 현상'은 비중심화된 리좀적 체계를 보여준다. 이 체계는 거대 자본이나 이와 연계되어 있는 미디어 권력 같은 단일한 권력적 중심이 존재하지 않는다. 아미(방탄소년단 팬클럽)와 방탄소년단은 어느 하나가 중심이 아니라 서로 친구이자 조력자로서 수평적 관계를 맺고 있다. 아미 역시 방탄소년단의 팬이라는 공통점 외에는 아무런 이해 관계나 유사성도 없는 무수히 다른 뿌리 줄기들의 연결 접속이다."

아미(Adorable Representative Master of Ceremonied for Youth)는 오늘의 방탄소년단이 있기까지 굉장한 영향을 미쳤다. 이름 그대로 마치 군대와 같은 단단한 응집력을 통해 음원 구입은 물론 스트리밍, 리트윗, 가사 및 인터뷰 번역 등 수많은 업무들을 실시하고 있다. 이렇게 방탄소년단과 아미는 유기적으로 상호작용하며 조력자이자 동반자로서 함께 성장해 나가는 대표적인 리좀형 관계를 보이고 있다고 볼 수 있다.

방탄소년단과 아미의 위계질서 없는 수평적인 리좀형 관계처럼, 리좀형 리더는 직원 및 팀원들과 유기적으로 상호 작용하며 서로의 성장을 위해 조력하고 여기에서 비롯되는 큰 시너지 효과를 통해 더욱 큰 성과를 기대할 수 있다.

# BIZ 역량을 갖춘 TECH 전문가, 디지털 아키텍트



Part 5

앞서 언급했듯이 비즈니스 아키텍처(Business Architecture)와 IT 아키텍처(Information Technology Architecture)에 대해 이해하고 활용할 줄 알며, 나아가 이를 직접 설계하기 위해서는 알고리즘 사고력과 디지털 아키텍트의 역량을 체득해야 한다.

알고리즘 사고력과 디지털 아키텍트의 역량은 둘 다 비즈니스 전문성과 IT 기술 전문성을 모두 포괄한다는 점에서는 공통점이 있었지만, 각각의 비중에 대해서는 차이가 존재했다. 앞 장에서 다룬 알고리즘 사고력은 IT 기술 전문성보다 비즈니스 전문성의 비중이 높은 형태의 모습을 보였다. 이와 반대로, 디지털 아키텍트의 역량은 비즈니스 전문성보다 IT 기술 전문성의 비중이 높은 모습을 보인다.

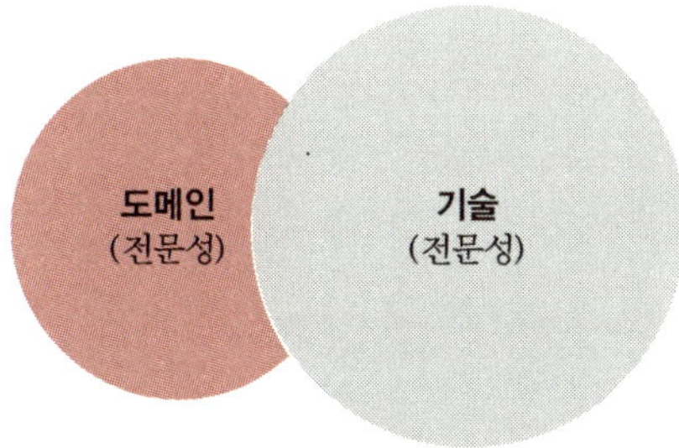

▲ IT 기술 전문성의 비중이 더 높은 디지털 아키텍트의 역량

그렇다면 디지털 아키텍트의 역량으로는 어떠한 것들이 있을까?

# 1. 디지털 아키텍트란?

## 1.1 아키텍트와 아키텍처

디지털 아키텍트의 역량에 대해 알아가기 전에, 먼저 디지털 아키텍트가 무엇인지에 대해 이해하고 넘어갈 필요가 있다. 아키텍트(Architect)라고 하면 생소할 수도, 또는 익숙하게 다가올 수도 있는 단어이다. 아키텍트는 아키텍처(Architecture)를 설계하는 사람을 일컫는 말로, 한국말로 직역하면 건축가를 의미하며 아키텍처 역시 직역하면 건축물을 의미한다. 하지만 여기서 말하는 아키텍트와 아키텍처는 다른 의미를 가진다. 앞서 비즈니스 아키텍처에 대해 여러 번 언급해 눈치챘을 수도 있겠지만, 본 책에서 아키텍처는 일종의 설계도를 의미한다. Part 3의 LKK 모델을 참고하면 알 수 있듯이, 비즈니스 아키텍처는 비즈니스 모델을 기반으로 이를 현실에 적용할 수 있도록 구조적으로 표현한 설계도라고 할 수 있다.

대부분의 기업에서 아키텍처라고 하면 IT 아키텍처를 말하는 경우가 많다. 기업에서 말하는 아키텍처의 정의는 다음과 같다.

"비즈니스 요구 사항을 만족하는 시스템을 구축하기 위해서 전체 시스템에 대한 구조를 정의한 문서"

"시스템을 구성하는 요소와 그 요소 간의 관계 그리고 요소가 다루는 정보(데이터)를 정의하는 문서"

즉, 아키텍처는 비즈니스 요구 사항을 기술로 해석해 개발의 방향을 알려주는 지도의 역할을 한다. 이는 결국 의사소통의 매개체로 역할을 하기 때문에, 팀의 수준에 맞게 이해할 수 있는 수준으로 작성되어야 하며 그럼에도 모든 내용을 포함하고 있어야 한다.

출처 : 스타벅스

▲ 스타벅스 비즈니스 아키텍처

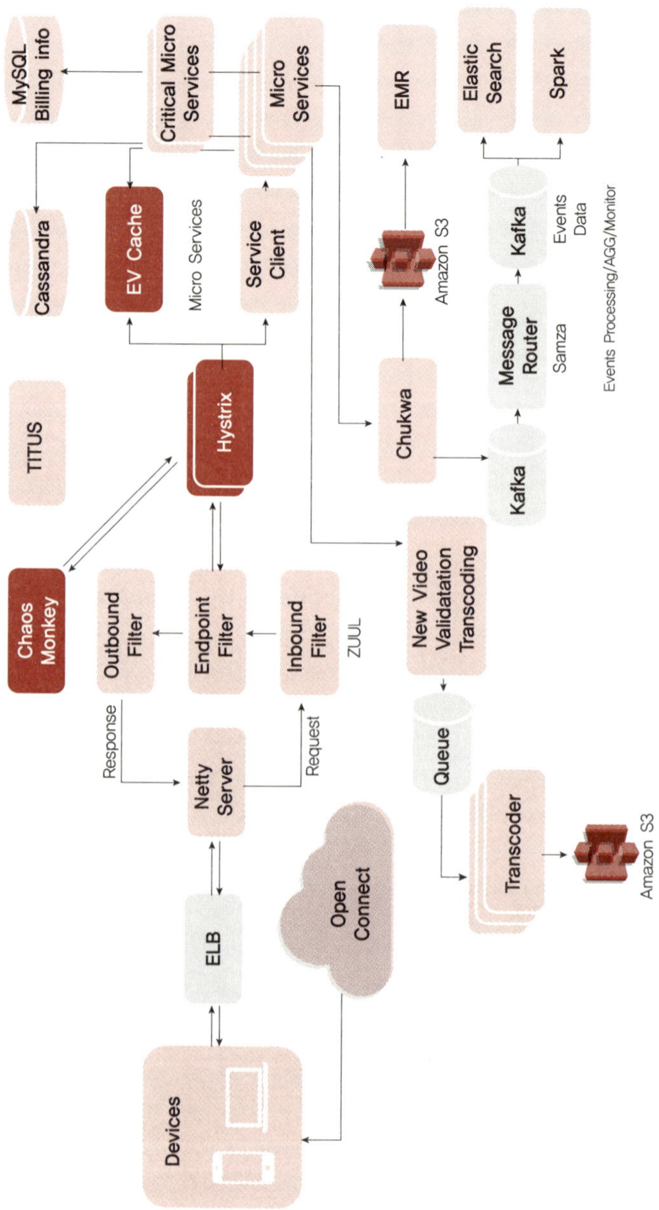


출처 : 넷플릭스

▲ IT 아키텍처 사례—넷플릭스

여기서 잠깐

## 비즈니스 전문가도 IT 아키텍처를 이해할 수 있어야 하는가?

비즈니스 쪽을 전문적으로 다뤄 왔던 사람들에게 IT 아키텍처는 이해하기 어려운 개념일 수 있다. 당장 앞에 제시된 그림만 봐도 그렇다. 평소 디지털 기술이나 IT 관련 분야에 생소한 사람들에게는 앞쪽 그림에서 이해할 수 있는 정보가 거의 전무하다고 봐야 할 것이다. Kafka, Amazon S3, Chukwa 등 대부분의 용어를 처음 접하거나 들어 봤어도 어떠한 기능을 하는 무엇인지를 설명할 수 있는 사람은 더욱 없을 것이다. 그렇다면 비즈니스 전문가들이 굳이 앞쪽 그림과 같은 IT 아키텍처를 이해할 수 있어야 하는 것일까?

결론부터 말하자면 그렇다. Part 1에서부터 지금까지 필자는 비즈니스 역량과 기술 역량을 고루 갖춘 리더의 모습을 강조했다. 비즈니스 역량만 전문적으로 다룬다면 본 책에서 제시하는 융합형 리더의 모습에 가까워지기 어렵다. 반대의 경우도 마찬가지이다. 기술 역량에 정통한 전문가들의 경우에도 비즈니스에 대해 이해하고 알아야 한다. 하지만 앞쪽 그림과 같은 IT 아키텍처를 완전히 세세하게 분석할 줄 알아야 한다는 말은 아니다. 비즈니스도 정통하면서 위와 같은 IT 아키텍처를 완전히 분석할 줄 안다는 것은 현실적으로 불가능에 가까우며, 그 과정 또한 쉽지 않고 매우 비효율적이다. 완전한 분석까지는 아니더라도, IT 아키텍처를 보면 어떠한 구조로 흐름이 진행되고 어떠한 기술들이 대략적으로 사용되는지에 대해서만 파악할 수 있으면 된다.

### 1) TOGAF에 기반한 디지털 아키텍처

아키텍처를 설계하는 과정에는 여러 기법이 존재하지만, 가장 널리 쓰이는 방법은 TOGAF(The Open Group Architecture Framework) 관리 방법론이다.

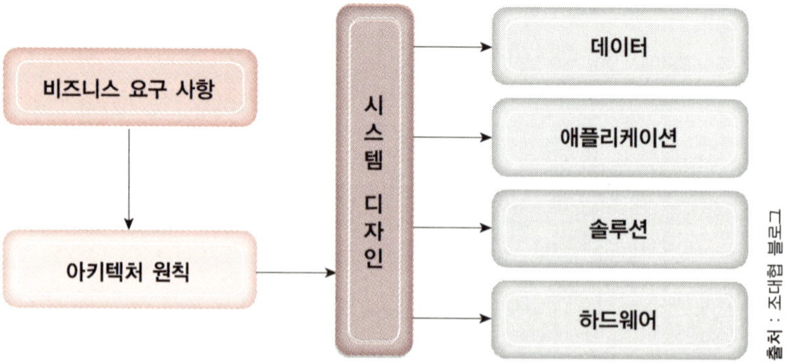


▲ TOGAF 아키텍처 프레임워크

TOGAF는 1995년에 더 오픈 그룹(The Open Group)이 개발한 엔터프라이즈 아키텍처 방식으로, 체계적이며 개발 과정 정리에 효율적인 장점이 있어 많은 기업들에서 사용하고 있다. 실제로 2016년에 조사한 통계에 따르면 글로벌 50개 기업 중 80%, 포춘(Fortune) 500대 기업 중 60%가 사용할 정도로 널리 쓰이고 있다.

TOGAF 관리 방법론을 기반으로 아키텍처의 유형을 구조화하면 다음의 그림과 같은 도식이 된다.

다음의 도식이 바로 디지털 아키텍처를 도식화한 그림이다. 비즈

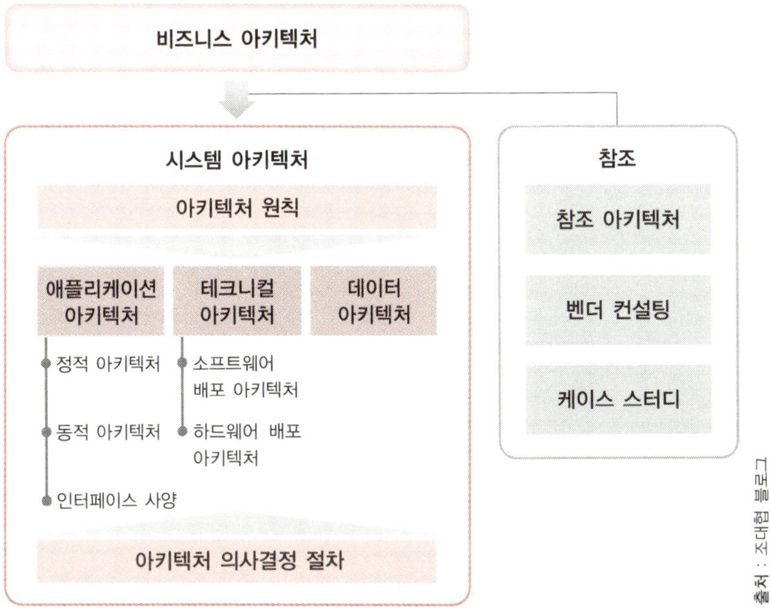


▲ TOGAF 관리 방법론을 기반으로 도식화한 디지털 아키텍처

니스 아키텍처와 시스템 아키텍처(System Architecture) 그리고 레퍼런스 아키텍처(Reference Architecture)로 구성된다. 시스템 아키텍처는 IT 기술 관련 아키텍처들로 구성되어 있는 묶음을 일컬으며, 레퍼런스 아키텍처는 아키텍처를 설계하는 데 참조할 수 있는 여러 도구들의 묶음을 일컫는다.

### 2) 비즈니스 아키텍처

비즈니스 아키텍처는 해당 비즈니스에 대한 소개와 그 시스템에 대한 전체적인 구조 그리고 주요 기능들이 드러나는 흐름 등이 포함

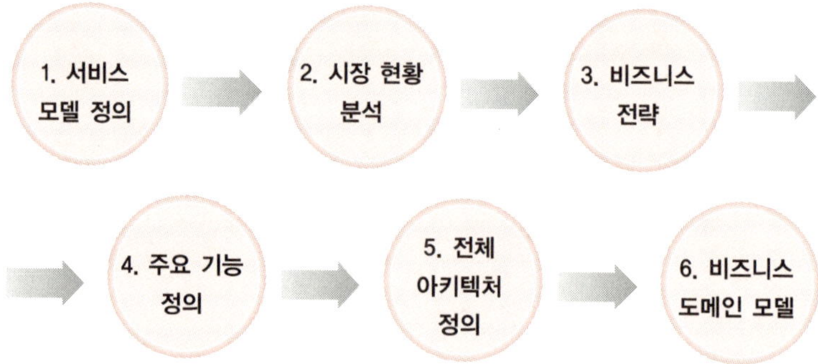


출처 : 조대협 블로그

▲ 비즈니스 아키텍처의 작성 절차

되어 있어야 한다. 즉, 누가 무엇을 하는 시스템인지에 대한 내용과 어떤 전략을 활용해 비즈니스 가치를 실현할 것인지에 대해 서술되어야 한다. 위 내용 외에도 시장 조사 내용이나 차별화 전략, 로드맵이나 스케줄 그리고 비용이나 수익에 관한 내용도 기술될 수 있다.

비즈니스 아키텍처는 위 그림과 같이 6단계에 걸쳐 작성된다. 먼저 서비스 모델을 정의한다. 이는 누가 어떤 기능을 사용할 것인지에 대해 정의하는 것으로, 비즈니스 면에서 주요 특징으로 어떠한 부분이 있는지에 대해 기술한다. 만약 시장 조사 내용이나 차별화 전략, 또는 비용 및 수익 모델 등이 있다면 이 과정에서 같이 간략히 서술한다.

**모바일 디바이스 관리 서비스**(MDMS)

- 인프라에 대한 관리가 어려운 **중소기업** 대상
- **클라우드 서비스** 형태로 **손쉽게** 직원들의 단말기를 관리할 수 있는 서비스
- **저렴한 비용**으로 제공

출처 : 조대협 블로그

▲ 비즈니스 전략 수립 예시

다음으로 시장 현황에 대해 분석한다. 시장의 규모는 어떠한지, 경쟁자로는 누가 있고 어떠한 전략을 취하는지 등 전체적인 비즈니스 시장에 대해 분석하고 이를 바탕으로 기초적인 기준을 마련한다.

이후 비즈니스 전략을 수립한다. 여기서는 비즈니스 대상과 가치 창출 방식 그리고 차별화 전략 등에 대해 서술하게 된다.

비즈니스 전략을 수립하고 나면 주요 기능에 대해 정의한다. 여기서는 시스템의 핵심 기능에 대해 정의하는데, 설계 중인 비즈니스에 대해 잘 모르는 다른 사람들이 봐도 이해하기 쉽도록 간단히 정의하는 것이 중요하다.

주요 기능까지 정의했으면 전체 아키텍처에 대해 정의해야 한다. 비즈니스의 주요 구성 요소와 구성 요소 간의 관계 그리고 사용자 정보 등이 기술되어야 한다.

마지막으로 비즈니스 도메인 모델을 작성한다. 설계하려는 비즈

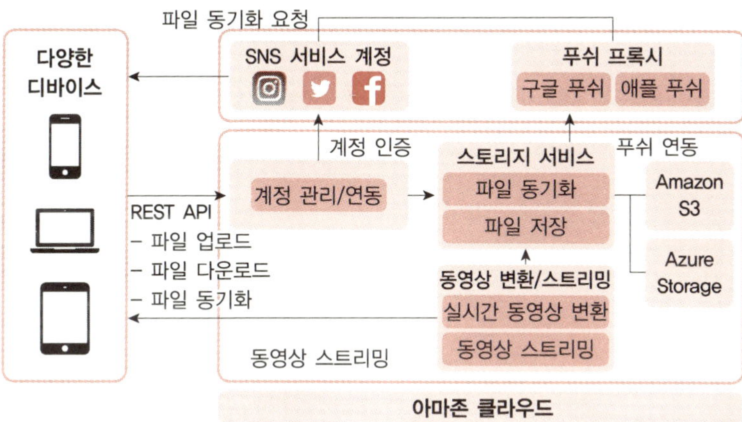

출처 : 조대협 블로그

▲ 전체 아키텍처 정의 예시

니스의 개념과 그들 간의 관계를 논리적으로 표현해야 한다. 주요 업무의 프로세스나 프로세스의 변화 등에 대해 서술한다. 서술되는 내용의 대부분은 요구 사항 명세서(Product Requirement Definition)에 정의되기 때문에 비즈니스 도메인 모델에는 간략히 요약해 작성해도 무방하다.

### 3) 시스템 아키텍처

이번엔 비즈니스 아키텍처 다음으로 기술되는 시스템 아키텍처에 대해 알아보자. 시스템 아키텍처의 하위 요소를 보면 아키텍처 원칙(Architecture Principles), 애플리케이션 아키텍처(Application Architecture), 기술적 아키텍처(Technical Architecture), 데이터 아키텍처(Data Architecture), 아키텍처 의사결정 절차(Architecture Decision Process) 등이 존재한다.

아키텍처 원칙은 비용적이고 비기능적인 설계 원칙으로, 설계와 관련한 의사결정을 진행할 때 의사결정의 기준이 된다. 기본적으로 아키텍처의 궁극적인 목표는 이해 당사자와 다양한 이해관계자들 간의 원활한 소통을 돕는 것이기 때문에 팀 전체가 아키텍처를 이해할 수 있도록 설계하는 것이 중요하며, 또 아키텍처 원칙 역시 이러한 부분이 잘 반영될 수 있도록 작성되어야 한다.

애플리케이션 아키텍처, 기술적 아키텍처, 데이터 아키텍처 등은 기술 영역에 따른 각각의 아키텍처에 해당하는 것으로, 이 외에도 하드웨어 아키텍처(Hardware Architecture)나 클라우드 아키텍처(Cloud Architecture) 등 영역에 따라 다양하고 많은 아키텍처들이 존재한다.

다음으로 아키텍처 의사결정 절차는 각 옵션별 아키텍처에 대한 설명을 작성하는 과정으로, 아키텍처 의사결정 템플릿(Architecture Decision Template)으로 작성한다. 아키텍처 의사결정 템플릿에는 옵션별 장·단점과 주요 특징 그리고 의사결정의 결과 등이 기술된다. 나중에 이해관계자들 간의 의견이 대립되거나 다를 때 중요한 참고 자료가 되기 때문에 잘 작성해 모아놓는 것이 중요하다.

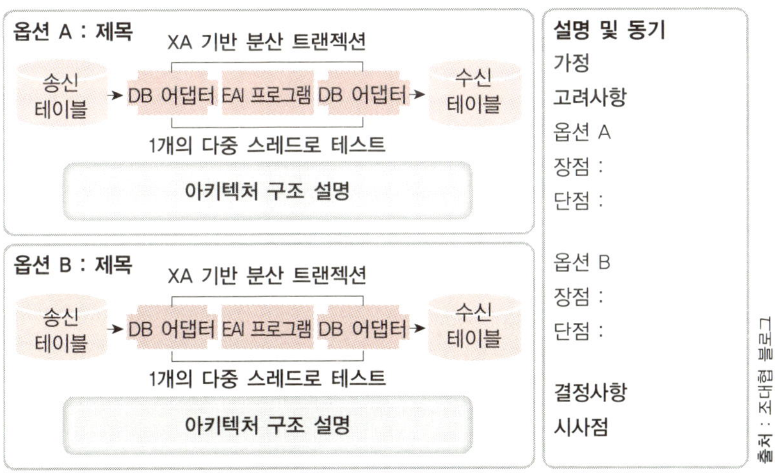


▲ 아키텍처 의사결정 템플릿(Architecture Decision Template) 예시

사실 위의 요소들 외에도 디자인 패턴(Design Pattern)과 같은 요소 역시 존재한다. 디자인 패턴은 과거의 아키텍처 설계 과정들에서 발생했던 문제점들이나 노하우 등을 파악하고 이를 추후 설계에 반영하기 좋도록 가공해 정리한 것을 말한다. 디자인 패턴을 활용하면 아

키텍처를 설계하는 과정에서 자주 발생하는 문제들을 쉽게 파악하고 해결할 수 있기 때문에, 필수적인 요소는 아니지만 만들어 놓으면 굉장히 큰 도움이 된다. 대개 선배 아키텍트가 자신이 겪었던 문제 상황들에 대한 경험과 그 해결 방법 등을 정리해 후배 아키텍트에게 설명하는 모습으로 많이 활용된다.

여기서 잠깐

## 비즈니스 아키텍처는 중요하지 않다?

많은 기업들은 아키텍처를 설계하라고 하면 시스템 아키텍처, 즉 IT 기술 아키텍처에만 집중하는 경향이 있다. 이는 곧 비즈니스 아키텍처를 중요시하지 않는다는 말과 일맥상통하며, 이에 대한 전문가인 아키텍트들도 부재하거나 그 수가 적다는 것을 의미한다.

시스템 아키텍처를 설계하는 아키텍트들의 경우에도 플랫폼, 데이터, 애플리케이션 등 본인이 전문적으로 다루는 분야에만 집중해 아키텍처를 설계하는 경우가 대다수이다. 시스템 아키텍처를 전반적으로 다루는 아키텍트

**아키텍처 적용 현황**

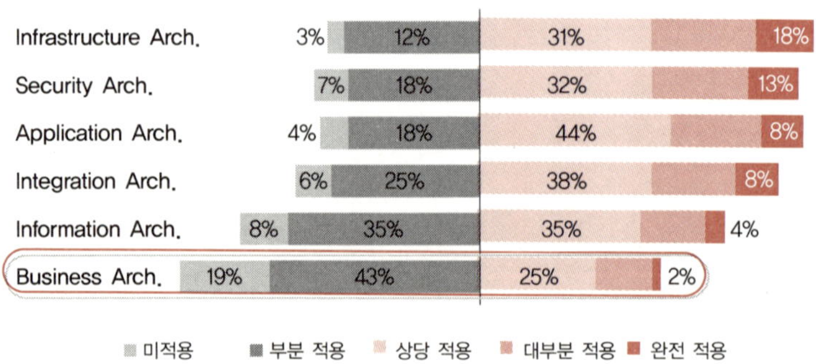


▲ 비즈니스 아키텍처의 적용도가 낮은 기업들의 현황

가 존재할지라도, 비즈니스 아키텍처까지 통합해 디지털 아키텍처 전체를 설계할 수 있는 디지털 아키텍트(Digital Architect)는 그 수가 적거나 찾아보기 힘들다.

## 1.2 이제는 디지털 아키텍트의 시대

그렇다면 디지털 아키텍트란 무엇일까? 디지털 아키텍트에 대한 정의는 다음과 같다.

> "고객의 요구 사항을 이해하고 디지털 플랫폼을 제공하며, 디지털 공간에서 고품질 코드 및 확장 가능한 솔루션의 설계 · 구현을 지시하는 전문가"

이처럼 디지털 아키텍트는 디지털 플랫폼을 설계 및 구현할 때 전략적 접근 및 실무를 수행하는 역할을 하는 전문가를 일컫는다. 이들은 디지털 트랜스포메이션의 비즈니스 요소와 기술 요소 전반을 기획하는 설계자이기 때문에 비즈니스의 흐름과 변화를 파악해 이를 새로운 디지털 기술과 융합할 수 있는 역량이 필요하다.

디지털 아키텍트는 프로젝트 전반적으로 아키텍처 목표를 관리하고, 표준화된 프로세스에 따라 아키텍처적 의사결정을 수행하면서 각 영역별로 아키텍처 모델을 관리하는 역할을 실시한다.

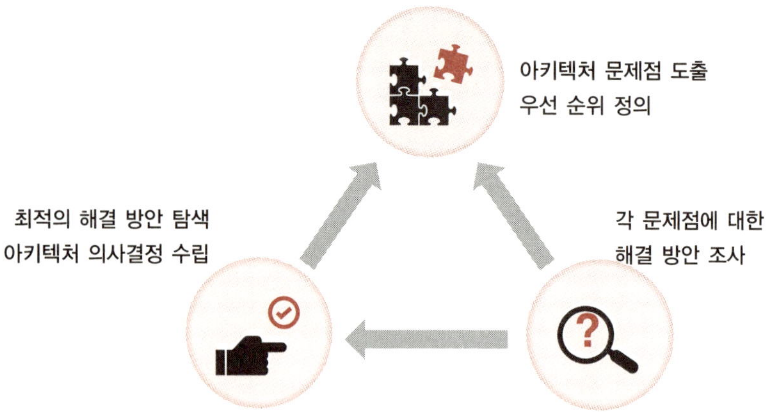


▲ 디지털 아키텍트의 역할

여기서 잠깐

### 엔터프라이즈 아키텍트와 디지털 아키텍트는 다른 것인가?

아키텍처와 아키텍트에 대한 개념을 어느 정도 알고 있는 사람이라면 여태까지 Part 5에서 설명했던 내용이 엔터프라이즈 아키텍처(Enterprise Architect) 및 아키텍트와 같은 개념이 아닌가 하는 의문이 들 수 있다. 하지만 둘은 엄연히 다른 개념이다.

엔터프라이즈 아키텍트는 IT 부서의 최고 고위자 중 한 명이다. 비즈니스와 IT 부서의 가교 역할을 하는 점에서는 비슷하지만, 그 비중이 IT 쪽으로 조금 더 치우쳐져 있다.

반면 디지털 아키텍트는 비즈니스와 IT를 다루는 비중이 엔터프라이즈 아키텍트와 다르다. 엔터프라이즈 아키텍트에 비해 비즈니스 영역을 조금 더 많이 이해하고 다룬다. 또한 엔터프라이즈 아키텍트가 비즈니스와 IT 파트의 가교 역할이라면 디지털 아키텍트는 비즈니스와 IT 파트 모두를 아우른다는 느낌이 더 강하다. 즉, 어떻게 보면 디지털 아키텍트가 엔터프라이즈 아키텍트보다 한 단계 더 높은 차원의 인재상이라고 볼 수 있다.

## 2. 왜 디지털 아키텍트인가?

우리는 디지털 아키텍트가 누구인지, 디지털 아키텍처는 무엇인지에 대해서 알아보았다. 그렇다면 디지털 아키텍트로서의 역량을 왜 길러야 하는 것일까?

먼저 비즈니스와 기술 전반을 기획하는 아키텍트가 부재하거나 거의 없다. 앞서 언급했듯이 대부분의 기업들은 IT 기술 아키텍처에만 집중하는 경우가 대다수이기 때문이다. 또 기술 역량이 뛰어나더라도 데이터, 클라우드, 플랫폼과 같은 한정된 분야에만 치우쳐져 있는 것도 문제이다. 대부분의 아키텍트들은 본인이 전문적으로 다루고 있는 기술 분야에 국한해 아키텍처를 설계하는 아키텍트들이 많다. 즉, 전문성을 가지고 있는 분야 외에는 능통하지 못하기 때문에 전반적인 디지털 트랜스포메이션 기술 전체에 대한 지식이 부족할 수밖에 없다.

비즈니스 요구 사항을 파악하고 이에 적합한 디지털 트랜스포메이션 기술을 적재적소에 활용해 아키텍처를 설계해야 하는데, 비즈니스 아키텍처 및 디지털 트랜스포메이션 기술에 대한 이해가 부족하니 디지털 아키텍처의 설계는 당연히 어려울 수밖에 없다.

위와 같은 문제들로 우리는 디지털 아키텍트로서 성장해야 할 필요가 있다. 그렇다면 디지털 아키텍트로서의 역량은 어떻게 기를 수 있는 것인가?

## 3. 디지털 아키텍트의 비즈니스 역량

### 3.1 디지털 아키텍트의 8가지 역량

위에서 언급했듯이 디지털 아키텍트로서 성장하기 위해서는 비즈니스의 흐름과 변화를 파악하고 이를 새로운 디지털 기술과 융합할 수 있는 역량을 확보해야 한다. 또한 디지털 트랜스포메이션의 비즈니스 요소와 기술 요소 전반을 기획할 수 있어야 한다.

이와 같은 디지털 아키텍트의 역량은 크게 8가지로 구분할 수 있다.

다음 그림에서 좌측의 네 가지는 기술 역량, 우측의 네 가지는 비즈니스 역량으로 구분된다. 각각의 역량에는 2~3가지의 하위 요소들이 포함된다. 먼저 비즈니스 역량에 대해 자세히 살펴보자.

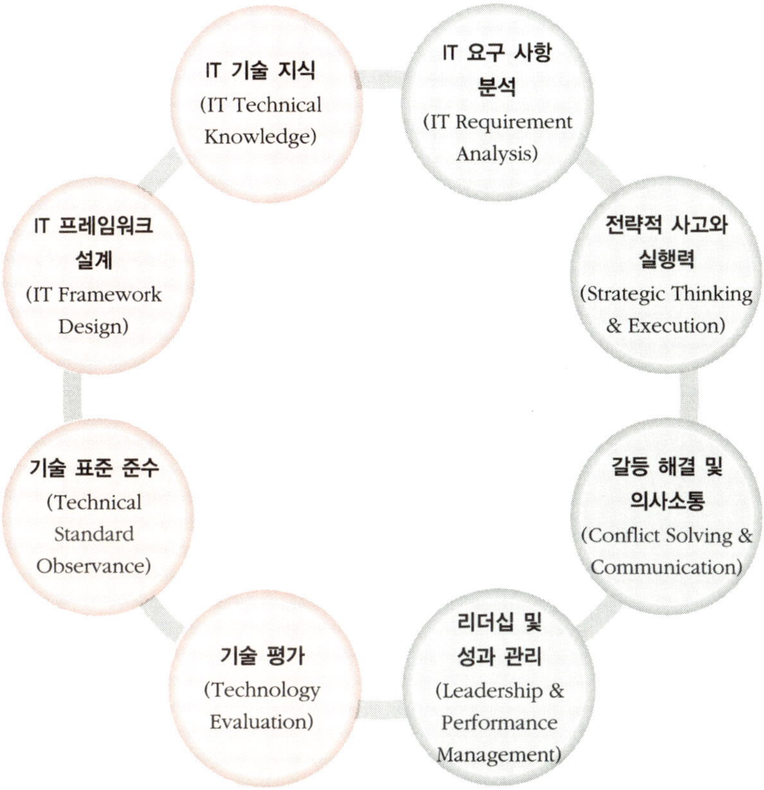


▲ 디지털 아키텍트의 8가지 역량

### 1) 디지털 아키텍트의 비즈니스 역량

IT 요구 사항 분석(IT Requirement Analysis)은 일종의 요구 분석 과정에 해당한다. 하위 요소로는 기능적 · 비기능적 요구 사항을 위한 솔루션 정의와 의사결정자 요구 사항 관리가 있다. 기능적 · 비기능적 요구 사항을 위한 솔루션 정의는 조직 및 산업의 표준 프로세스와 도구를 사용해 기능적이거나 비기능적인 요구 사항의 해결을 위한 솔루션을 정의할 수 있는 역량에 해당한다. 다음으로 의사결정자의 요구 사항 관리는 비즈니스 목표와 목적 그리고 걸림돌이 될 수 있는 사항을 명확히 정의한 뒤, 기능적 · 비기능적 요구 사항에 대한 우선 순위를 조정할 수 있는 역량이다. 비즈니스 요구 사항의 우선 순위 조정은 이해 당사자 간의 의견이 대립되거나 다를 수 있으므로 이론적이거나 사실적인 근거 자료를 활용해 최적의 의사결정을 수행해야 한다.

다음 역량은 전략적 사고와 실행력(Strategic Thinking & Execution)이다. 하위 요소로는 방법론 적용과 아키텍처 의사결정 수립이 있다. 방법론 적용은 실시해야 하는 작업을 효율적으로 적용하고 관리하기 위해 체계적인 방법론을 적용하는 것으로, 프로젝트 목표에 맞는 다양한 방법론을 활용해 가이드를 실시해야 한다. 아키텍처 의사결정 수립은 솔루션의 설계에 대한 이론적 근거를 정의 및 지원하기 위해 주 요건의 해결 방안을 결정하고 문서화할 수 있는 역량이다. 각 이해 당사자와의 소통을 통해 문서화된 결정 사안을 기반으로 최종적인 아키텍처 의사결정을 수립한다.

세 번째 역량은 갈등 해결 및 의사소통(Conflict Solving & Communication)이다. 커뮤니케이션 기술과 갈등 해결 능력이 하위 요소이다. 커뮤니케이션 기술은 명확한 의사 전달을 위해 문서를 작성하거나 발표하는 기술을 보유할 수 있는 역량이다. 비즈니스 요구 사항을 기술로 전환하거나, 반대로 기술의 적용을 비즈니스 이해관계자가 이해하기 쉽도록 문서나 설명으로 전달하는 과정에 해당한다. 이를 통해 비즈니스 현직자와 기술 전문가 간의 원활한 소통을 위한 상호 커뮤니케이션 과정을 지원할 수 있다. 갈등 해결 능력은 갈등이 발생했을 때 당사자의 입장에서 갈등 상황에 대해 이해하고 전체 프로세스와 프로젝트 목표에 가장 적합한 솔루션을 제시할 수 있는 역량이다. 갈등 해결 능력을 갖추면 각 갈등 당사자들과의 소통을 통해 절충안을 제시하거나 갈등 요소를 해결하는 역할이 가능해진다.

비즈니스 역량의 마지막은 리더십 및 성과 관리(Leadership & Performance Management)이다. 하위 요소로 팀워크 및 리더십, 업무 이해력, 프로젝트 관리의 3가지가 있다. 팀워크 및 리더십은 전반적인 프로젝트 진행에 있어서 각 분야의 전문가들과 작업 스케줄을 조율하고, 전체 작업을 완료하기 위한 가이드를 제공할 수 있는 역량이다. 이를 위해서는 각 분야 전문가들과의 팀워크는 물론, 이들을 이끌 수 있는 리더십 역시 필요하다. 업무 이해력은 이해 당사자의 요구 사항과 비즈니스 목표에 대한 이해를 바탕으로 각 단계별 아키텍처 설계에 대한 최적의 의사결정을 수행할 수 있는 역량이다. 마지막으로 프로젝트 관리는 프로젝트 플랜을 수립할 때 아키텍처 요소에 대한 관리를 진행하고 프로젝트 담당자와의 협업을 통해 최선의 작업을 수행할 수 있는 역량에 해당한다.

# 4. 디지털 아키텍트의 기술 역량

## 4.1 디지털 아키텍트의 기술 역량

이렇게 디지털 아키텍트의 비즈니스적 필요 역량인 IT 요구 사항 분석, 전략적 사고와 실행력, 갈등 해결 및 의사소통, 리더십 및 성과 관리에 대해 알아보았다. 이번에는 디지털 아키텍트의 기술적 필요 역량들에 대해 살펴보자.

먼저 IT 기술 지식(IT Technical Knowledge)이 있다. IT 기술 지식의 하위 요소로는 기술적 비전 수립과 기술 활용이 있다. 기술적 비전 수립은 성공적인 요구 사항 구현을 위해 기술이나 도구, 구축 방안 등을 정의하고 의사결정자들이 이러한 선택에 수긍할 수 있도록 이론적인 근거를 제시할 수 있는 역량을 말한다. 발전 가능성과 같은 기술적 비전을 제시해 의사결정자를 설득하는 것이 중요하다. 기술 활용은 아키텍처 설계에 있어 주어지는 질문에 대해 명확한 답변을 제시할 수 있도록 데이터의 수집 및 분석, 적합한 가설 제시 및 그에 대한 검증 등의 다양한 기술을 활용할 수 있는 역량을 말한다. 아키텍처 의사결정이 필요할 때에는 다양한 기술을 활용한 근거를 제시해 명확한 의사결정을 수행할 수 있어야 한다.

다음으로는 IT 프레임워크 설계(IT Framework Design)가 있다. 하위 요소로 IT 아키텍처 수립과 프로토타이핑이 있다. IT 아키텍처 수립은 요구 사항을 해결하기 위해 분야별 IT 아키텍처의 설계를 리드하는 것으로, 아키텍처의 성격에 따라 그에 적합한 방식으로 리드할 수 있어야 한다. 프로토타이핑은 모델링 기술을 활용해 표준화된 모델 문서를 제공해 아키텍처를 상세화할 수 있는 역량으로, 표준화된 모델링을 통해 문제 구간을 파악 및 도출하고 지원 영역을 명확히 결정하며, 설계된 아키텍처가 비즈니스 요구 사항 해결에 적합한지 검증할 수 있어야 한다.

다음 역량인 기술 표준 준수(Technical Standard Observance)는 IT 표준 준수, 기술적 자문의 2가지 하위 요소를 가지고 있다. IT 표준 준수는 프로젝트를 수행하면서 적절한 표준을 정의하고, 팀원들에게 표준 준수에 대한 장점을 제시하며 잘 준수하고 있는지 감독할 수 있는 역량을 말한다. 기술적 자문은 디지털 트랜스포메이션 기술의 최신 트렌드와 아키텍처 설계에 적용되는 기술에 대한 자문을 수행할 수 있는 역량으로, 디지털 트랜스포메이션의 최신 기술에 대한 지속적인 학습과 이해가 필요하다.

마지막 역량인 기술 평가(Technology Evaluation)는 하위 요소로 기술 솔루션 검증과 아키텍처를 통한 솔루션 검증이 있다. 기술 솔루션 검증은 주요 비즈니스 요구 사항에 대해 개발 방안을 수립하고 기술이 적합한지 검증할 수 있는 역량으로, 제시한 기술 솔루션이 리스크는 없는지 파악하고 이를 기반으로 요구 사항 및 기술 적합성과 개발 가능 여부를 검증하는 과정이다. 아키텍처를 통한 솔루션 검증은 아키텍처 설계 결과의 솔루션 만족도를 검증하기 위한 플랜과 이를 위한 수행 전략을 수립하고 검증할 수 있는 역량을 말한다.

## 5. 디지털 아키텍트의 역할

이렇게 우리는 디지털 아키텍트로 성장하기 위해 필요한 비즈니스 및 기술 역량에 대해 알아보았다. 이러한 역량을 모두 갖추어 디지털 아키텍트로서 성장했을 때, 디지털 아키텍트는 어떠한 역할을 수행할 수 있게 될까?

오른쪽 그림과 같이 디지털 아키텍트로서 성장했을 때 수행할 수 있는 역할은 8가지가 있다.

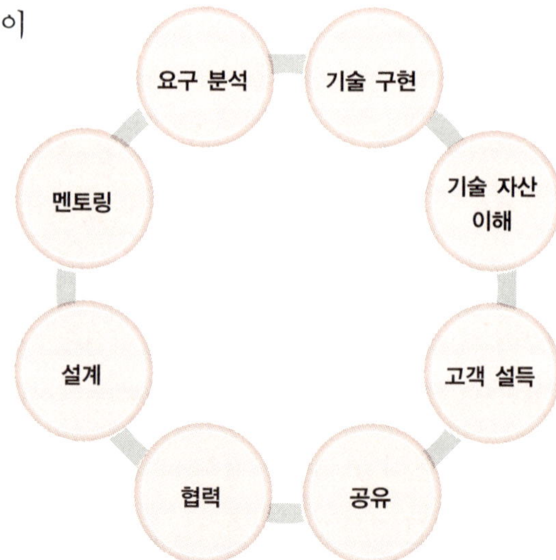


▲ 디지털 아키텍트의 8가지 역할

먼저 요구 분석의 경우, 디지털 기술 솔루션이 필요한 이해관계자와의 공동 작업과 비즈니스 영역에 대한 지식 및 응용된 창조적 생각을 기반으로 요구 사항을 판별하는 역할을 말한다.

다음으로 기술 구현은 디지털 트랜스포메이션 기술을 활용해 아키텍처가 전체적으로 어떤 구조를 가지고 구성될지 고민하고, 결정하고, 실행하는 역할을 말한다. 이때 다양하고 넓은 시야에서 아키텍트 팀을 리드할 수 있게 된다.

멘토링의 경우, 단순한 지식의 주입이 아닌 주고받는 상호작용을 통해 팀 전체 성장을 도모할 수 있다. 팀원들과의 관계 형성과 소통으로 인한 공감대 형성으로 지식 및 경험 공유 효과를 극대화하는 것이 가능하다.

기술 자산 이해는 비즈니스 요구 사항을 가장 잘 충족하는 기술 자산을 정의하기 위해 자사가 가진 디지털 트랜스포메이션 기술 자산과 서드 파티(3rd Party) 솔루션에 대해 명확히 인지할 수 있는 역할을 말한다.

설계는 디지털 트랜스포메이션 기술을 활용해 효과적인 디지털 아키텍처를 설계하고, 활용 기술에 대한 전반적인 이해를 바탕으로 기술 구현 과정을 리드하는 역할 수행이 가능하다.

설득은 고객이 현재 가지고 있는 생각을 파악하고, 고객과의 공감대를 형성한 뒤 반전 기법을 활용해 의견을 전달하는 역할을 말한다. 이를 위해 짧고 명확한 소통과 경청 그리고 긍정적인 의견 수렴 등의 태도가 필요하다.

다음으로 협력은 고객의 필요 사항을 이해하고 이에 대해 소통 및 협력해 고객 만족을 실현하는 역할이다. 자사 내 팀 간 및 팀 내 협력을 통해 보다 효율적이고 새로운 아키텍처를 구현할 수 있다.

마지막으로 공유는 아키텍처만 보고도 구현하는 데 어려움이 없도록 상세하고 구체적으로 작성하는 역할을 말한다. 타 아키텍트와 개발자가 아키텍처를 이해하고 발전시킬 수 있도록 소통 및 협력하는 것이 중요하다.

이처럼 디지털 아키텍트의 8가지 역량을 내재했을 때 위의 8가지 역할을 수행할 수 있는 리더로 성장이 가능하다. Part 4의 알고리즘 사고력과 본 Part의 디지털 아키텍트의 역량을 모두 체득한다면 비즈니스 아키텍처와 IT 아키텍처에 대해 이해하고 설계할 수 있으며, LKK 모델을 효율적으로 활용할 수 있는 융합형 리더로서 역할을 할 수 있다.

# 결론

# Part 6

우리는 지금까지 LKK 모델에 기반해 융합형 리더로 성장하기 위한 여정을 함께했다. 지금부터 우리가 함께한 여정을 간략히 다시 짚어 보면서 정리하는 시간을 갖고자 한다.

먼저, 융합형 리더에 대해 다루기에 앞서 디지털 트랜스포메이션의 개념과 등장 배경에 대해 살펴보았다. 디지털 트랜스포메이션의 정의와 배경 그리고 이에 기반해 융합형 리더가 왜 필요한지에 대해 다시 한번 살펴보자.

'스마트팜', 'RPA' 그리고 '자율주행'. 어떻게 보면 우리가 기술 성장 속도 면에서 상대적으로 느리다고 생각했던 농업의 변화에서부터, 업무 자동화 그리고 이동수단인 자동차 혁신까지, 같은 듯 다른 세 가지를 실행하고 있는 다른 산업에서 공통의 목표를 가지고 위 업무를 진행하고 있다. 그 목표는 바로 디지털 트랜스포메이션(Digital Transformation). 줄여서 DT 또는 DX(Digital eXperience)라고 불리는 소위 '디지털 트랜스포메이션'은 기업 변화의 핵심 키워드가 되고 있다. 4차 산업혁명이라는 용어에서 산업, 기업 중심으로 정의된 디지털 트랜스포메이션이라는 용어는 COVID-19 상황으로 비대면이 강조되며 디지털이 핵심이 되었다. 국내 대기업 중 약 90% 회사가 디지털 트랜스포메이션을 비전으로 잡고 변화하고 있다.

도입부 파트에서는 아직 견고한 바탕을 가지지 못한 디지털 트랜스포메이션에 대해 학술적으로 정리하면서도 현장에서 충분히 실용적일 수 있도록 작성했다. 디지털 트랜스포메이션 정의를 기본으로 다른 개념들과 비교할 수 있도록 구성했으니 개념들을 보며 가장 큰 디지털 트랜스포메이션 정의라는 것을 가져갈 수 있도록 정리했다.

먼저 4차 산업혁명은 인간의 도구 활용을 통한 생산성 혁신 단계 중 하나로 시대적 흐름을 설명하는 개념이다. 이에 반해 디지털 트랜스포메이션은 인간이 수행하는 활동이 컴퓨터라는 도구를 통해 디지털화·정보화되면서 변화하고 혁신을 이룬다는 개념이다.

좀 더 깊이 들어가면 4차 산업혁명 정의와 전망은 상대적으로 다양한 기술과 개인, 기업, 정부, 경제, 사회, 문화 등을 광범위하게 포함하기 때문에 이를 논의할 때 구체적 분석 프레임이 부족하다.

따라서 보완 필요성을 해결하기 위해 디지털 트랜스포메이션이 언급되기 시작했고, 이에 따라 디지털 트랜스포메이션은 기업 관점에서 구체적으로 디지털 기술을 활용해 혁신하는 프레임을 제시하고 있기에 더 명확한 편이다.

**표 6-1 산업혁명별 시기 및 특징**

| 산업혁명 구분 | 각 산업혁명별 시기 및 특징 |
|---|---|
| 1차 산업혁명 | 1784년, 영국에서 시작된 증기기관 기반 '기계화' 도입 |
| 2차 산업혁명 | 1870년, 전기를 이용한 '대량생산'이 본격화 |
| 3차 산업혁명 | 1969년, 인터넷이 이끈 컴퓨터와 인터넷 '디지털' 혁명 |
| 4차 산업혁명 | 2016년, 지능정보기술이 기존 산업 및 서비스와 '융합'하면서 일어난 '사물 지능화' 혁명 |

디지털 트랜스포메이션에 대한 정의는 각 기관마다 다양하게 제공하고 있는데, 국내 정보통신정책연구원(2017) 기반으로 내용을 축

약해 다음과 같이 정의했다.

"디지털 트랜스포메이션은 산업 내에 기업이 최신의 디지털기술을 실제적으로 활용해 프로세스가 변화하는 과정에서부터, 이를 통해 비즈니스 모델, 생태계 변화까지를 의미한다."

더 축약하면 다음과 같다.

'디지털 기술을 활용한 핵심 사업 효율화, 신사업 개발 그리고 관련 생태계 변화'

여기서 중요한 것은 'ICT 기반 기술'을 활용해 핵심 사업을 효율화하거나 신사업을 개발하는 행위를 '꾸준히' 한다는 것이다. 단순히 1회성 디지털화는 디지타이제이션 또는 디지털리제이션에 속한다는 것을 분명히 했다.

다툼이 많았던 정의와 다르게 시행 시기에 대해 전문가들은 하나같이 빠르게 시행해야 한다고 주장하고 있다.

첫 번째 이유는 빠르게 시행하는 것이 디지털 트랜스포메이션 기술이나 비즈니스 이해를 위한 진입장벽이 낮기 때문이다. 디지털 트랜스포메이션 특성상 다양한 부분이 융합되는데 시간이 갈수록 배우고 익혀야 하는 것이 많아지기에 빠른 진입이 더 빠른 적응 후 효과를 가져올 수 있다.

두 번째 이유는 기술 발전 속도보다 사람 적응 속도가 느리기 때문이다. 빅뱅 이론이라고 불리는 이 속도 차이가 발생하는 이유는 기술은 비용만 있다면 도입에 큰 문제가 없지만 사람은 문화나 학습 차이로 많은 시간이 걸린다.

세 번째 이유는 승자독식(Winner takes ALL), 즉 선점한 사람이 다 가져가기 때문이다. 과거 패스트팔로어(Fast Follower) 전략은 기술 기반 디지털 트랜스포메이션 시대에는 통하지 않기에 빠르게 접근해야 할 필요가 있다.

또한 학자들은 디지털 트랜스포메이션이 모든 산업 부분을 휩쓴다고 동일하게 주장한다. 디지털 트랜스포메이션은 특성인 초연결과 초지능으로 더 넓은 범위에서 더 빠른 속도로 크게 영향을 주기 때문에 '성역'은 없을 것이다. 보안이라는 이유로 그동안 보호받았던 '금융'이 그 대표적인 피해자이다. 뿐만 아니라 무자비한 디지털 트랜스포메이션은 농업, 수산, 의료, 예술까지 발을 넓혀가기에 산업뿐만 아니라 해당 산업 종사자는 물론 은퇴 예정자에게까지 영향을 끼치며, 우리가 피할 수 있는 것이 되었다.

이렇게 눈 앞에 다가온 디지털 트랜스포메이션 실행 방법을 현장 사례에 비추어 작성하면 다음과 같다.

① 다양한 사람들이 모인 이니셔티브를 구성해 ② 함께 공부하고 고민해서 ③ 방향성을 먼저 정해야 한다. 그 후 ④ 사람들에게 전파하고, ⑤ 운영하며 생기는 문제점을 관리하고 ⑥ 이를 지속할 수 있도록 해야 한다.

특히나 이 부분에서 중요한 것은 올바른 인원 구성이다. 구태의연하게 '인사가 만사다'라는 말을 굳이 꺼낼 필요 없이 당장 회사에서 돌아가는 태스크포스 초기에 구성원만 보더라도 결과가 예상되기 때문이다. 디지털 트랜스포메이션 프로젝트에서 주로 성공하는 조직은 다른 역량을 가진 사람이 시너지를 낼 수 있는 구성으로 이루어진다. 대표적인 예로 ① 비즈니스와 기술과 같이 다른 특성을 가진 분야에 양손잡이처럼 역량을 가진 사람들이 모여 진행하거나 ② 비즈니스 전문가들 + 기술 전문가들이 있는 상황에서 그 중간 다리 역할을 해줄 수 있는 융합형 전문가가 있는 경우가 있다.

어떤 상황이든 성공 케이스에서는 비즈니스와 기술을 한꺼번에 아우를 수 있는 사람, 즉 이 책에서 주장하는 융합형 리더가 있었기에 프로젝트는 운영이 가능했고 성공에도 큰 영향을 미쳤다.

융합형 리더는 갑자기 하루아침에 등장한 용어가 아니라 과거 스티브 잡스 때 유행했던 논의했던 미래 인재상인데, 인문(비즈니스 또는 도메인 부문) 이해와 함께 기술(4차 산업 시대 ICT 기반 기술) 전문성을 가지고 융합형 생각을 할 수 있는 사람을 이야기한다.

축구 선수가 양발을 써야 전문가로 살아 남을 가능성이 높은 것처럼 우리도 어느 하나로 치우친 전문성만으로는 살아 남기 어려운 시대가 되었다. 그래서 내가 기존에 가진 역량뿐만 아니라 시너지를 낼 수 있는 반대 분야 역량을 키워야 하는데, 축구 선수를 예로 들면 오른발잡이 선수가 오른발을 100점으로 쓴다면 왼발은 70~80점 수준에만 다다르더라도 된다고 생각한다. 즉, 서로 다른 분야에 박사급 전문가를 바라는 것이 아니라 어느 한 분야 전문성을 가지고 다른 분야와 대화하고 업무를 진행할 수 있는 수준을 우리는 융합형 리더 역량 수준으로 보고 있는 것이다.

결국 두 가지 형태의 리더가 가능할 것이다.

① 비즈니스, 즉 도메인 전문성을 기반으로 기술을 익힌 융합형 리더

② 기술 전문성을 기반으로 도메인을 잘 알고 있는 융합형 리더

이처럼 본 책에서는 디지털 트랜스포메이션 시대에서 요구하는 핵심적인 리더상으로 융합형 리더를 제시했다. 이후 융합형 리더로 역할을 하기 위해 LKK 모델을 활용할 것을 역술했다. 융합형 리더 역량의 핵심이라고 할 수 있는 LKK 모델에 대해 명확히 이해할 수 있도록 다시 한번 짚고 넘어가고자 한다.

LKK 모델을 통해 기업은 경쟁력 있는 비즈니스 모델을 실행 가능한 비즈니스 아키텍처와 IT 아키텍처로 설계 가능한 기반을 갖추게 된다. 왜냐하면 비즈니스 모델은 그 자체가 기업 운영을 위한 상세 내용이기 때문에 전략 수립부터 실행 그리고 운영 관리에 걸쳐 사용되는 경영의 필수 조건이다.

비즈니스 아키텍처는 미션을 실현하기 위해 목표를 설정하고, 목표 달성과 함께 고객에게 가치를 전달하기 위해 주요 자원을 사용하고 가치를 전략에 따라 최적화하는 계획의 설계도라고 정의할 수 있다.

즉, 비즈니스 아키텍처는 비전과 전략을 IT 기술로 전환하고 변환하는 구조를 가지며, 비즈니스 모델의 업무와 기능을 각각 정의하고 원칙과 가이드에 따라 경쟁력 있고 고유한 비즈니스 모델을 설계할

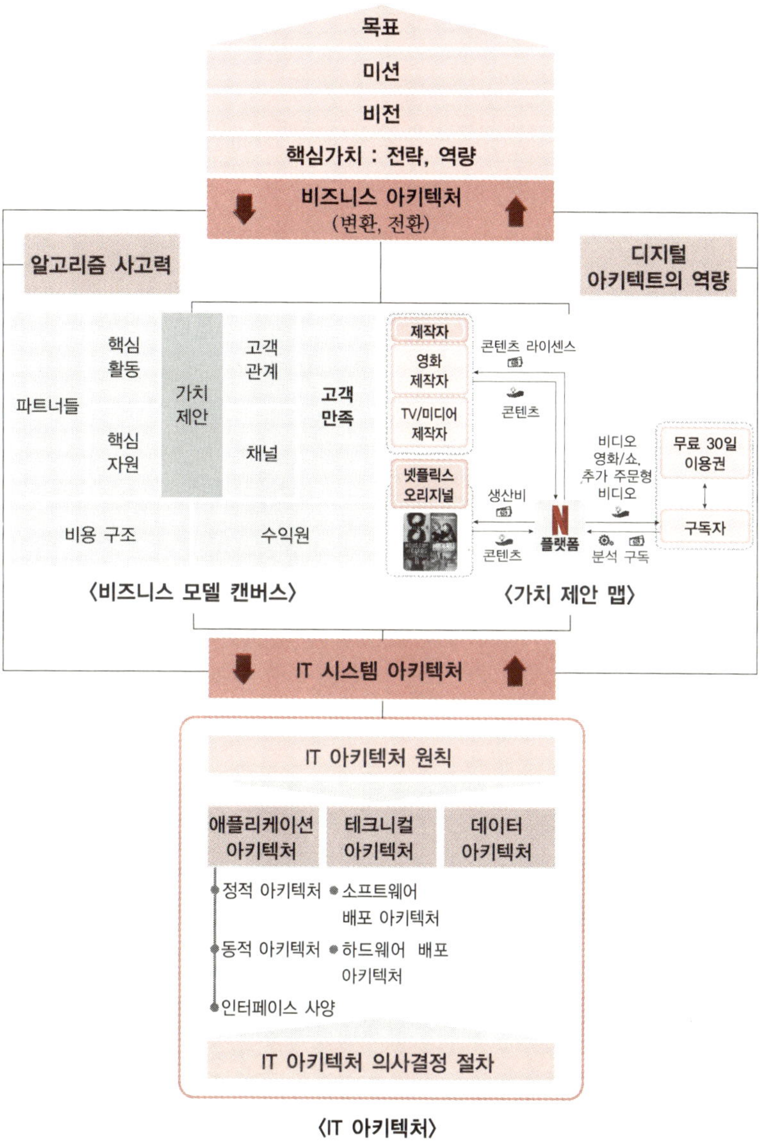


▲ LKK(LEE, KIM, KIM) 모델

수 있도록 한다. 또한 비즈니스 아키텍처는 그 구조와 기능이 의도적으로 정의되고 적용되는 것으로서 그것은 비전과 전략으로부터 시작되고, 전략을 실행 가능한 비즈니스 모델을 기반으로 IT 기술화하는 과정을 통해 현실화하도록 한다.

LKK 모델은 기업의 CEO, C-Level 리더, 비즈니스 전략가, 포트폴리오 관리자, 리스크 관리자, 감사팀, IT 운영팀, 업무 분석가 등에서 폭넓게 사용될 것이며, LKK 모델을 통해 비전과 목표 달성을 위한 전략적 과제들을 상세하고 명확히 해 전략적 능력(Strategic Capability)으로 구체화하게 된다. 이를 위해 업무별 프로세스, 지식, 기술, 조직들이 프로세스 능력으로 발전되어야 하며, 마지막으로 응용 가능성 및 데이터 활용 능력이 애플리케이션 능력으로 구현되어 비전과 목표를 실현할 수 있는 체계적이고 추적 가능한 방법으로 설계되어야 한다. 아울러 전략을 실행하기 위해 필요한 능력을 정의한 전략적 능력은 비즈니스 아키텍처로 변화되어 실행 가능한 수준으로 현실화되어야 하며, 상세화 및 명료화 과정을 거친 비즈니스 아키텍처는 그 자체가 비즈니스의 핵심 내용이기 때문에 모든 경영 활동의 기반이 된다. 또한 비즈니스 아키텍처는 비전과 전략을 현실화하고 이를 IT 아키텍처가 비즈니스 모델 캔버스 및 가치 제공 맵과 일관성 있는 연계를 하도록 설계되어야 한다. 비즈니스 아키텍처와 IT 아키텍처의 연계는 높은 수준의 고객 만족 서비스를 위해 보다 빠르게 지원하는 디지털 트랜스포메이션 시대에서 필수적인 원칙이기 때문이다.

LKK 모델의 전반적인 내용을 다루면서 어느 정도 LKK 모델이 무엇인지에 대해 감이 잡혔을 것이다. 하지만 LKK 모델을 제대로 활용하기 위해서는 알고리즘 사고력과 디지털 아키텍트의 역량을 체득해 활용할 수 있어야 한다. 알고리즘 사고력과 디지털 아키텍트의 역량이 무엇이고, 왜 필요한지에 대해 다시 한번 살펴보자.

복잡한 디지털 시대의 비즈니스 환경에서 도태되지 않고 나아가기 위해서는 체계화된 비즈니스 아키텍처가 구축되어야 한다. 최적의 비즈니스 아키텍처를 설계하기 위해서는 알고리즘 사고력과 디지털 아키텍트의 역량, 두 가지 핵심 요소가 필요하다.

알고리즘 사고력은 복잡한 디지털 시대에 알고리즘을 최적의 방안으로 자신의 의사결정과 운영 방식에 적용해 창의적 결과를 창출하는 사고방식이다. 의사결정의 어려움을 겪는 리더들에게 필수적인 역량이 바로 알고리즘 사고력이다. 알고리즘 사고력을 활용하면 단순히 의사결정에서 그치지 않을 수 있다. 알고리즘을 최적의 방안으로 적용해 의사결정 및 운영 방식에 활용한다면 기대했던 바보다 훨씬 창의적인 결과를 도출해 낼 수 있기 때문이다.

알고리즘 사고력은 크게 두 가지 사고력으로 구성되어 있다. 바로 컴퓨팅 사고력과 확률적 사고력이다. 컴퓨팅 사고력은 효과적으로 해결책을 도출할 수 있도록 알고리즘 사고를 통해 문제를 정의해 최적의 방안을 제시하는 일련의 사고 과정이다.

구글은 컴퓨팅 사고력을 네 가지 코스로 나눠서 설명하는데, '분해-패턴 인식-핵심 추출-알고리즘 설계'로 구성된다. 분해는 복잡한 문제를 잘게 나누어 간단한 여러 개의 작은 문제로 분해하는 것을 의미한다. 패턴 인식은 문제를 해결하는 데 있어 반복되는 현상인 패턴을 찾아내는 것을 의미한다. 주로 패턴 인식은 문제를 작은 문제로 잘게 나누고 나서 패턴을 파악할 때 더욱 수월해진다. 핵심 추출은 패턴 인식 과정에서 패턴을 발견하면 그 패턴에서 불필요한 부분들을 제거하고 핵심적인 요소들만 남김으로써 문제를 단순화하는 단계이다. 마지막 코스인 알고리즘 설계(Algorithm)는 이전의 세 가지 단계를 거쳐 도출된 결과물을 가지고 문제 해결을 위한 공식 또는 절차를 구성하는 코스이다. 영화 "네이든"의 카드 문제나 카카오버스 개발 사례와 같은 부분에서도 컴퓨팅 사고력의 네 가지 코스를 활용해 문제를 해결하는 모습을 찾아볼 수 있다.

컴퓨팅 사고력을 의사결정에 활용하려면 제1원칙에 의한 추론을 활용해야 한다. 추론에는 두 가지 유형이 존재한다. 첫째는 '유추에 의한 추론'이고, 나머지 하나는 '제1원칙에 의한 추론'이다. 유추에 의한 추론은 다른 사람들이 하는 것에 약간의 변형만 주어 따라하는 직관적인 사고법을 일컫는다. 제1원칙에 의한 추론은 우리가 아는 기본적인 것들로 문제를 나누고 거기서부터 근거를 쌓아가는 기법을 말한다. 테슬라나 타깃도 제1원칙에 의한 추론을 활용해 막대한 경제적 이익을 거둘 수 있었다. 분해-패턴 인식-핵심 추출-알고리즘화의 순서로 진행되는 컴퓨팅 사고력의 절차를 이해하고, 제1원칙에 의한 추론으로 이를 적절히 활용한다면 성장할 수 있는 기회의 발판으로 삼을 수 있다.

확률적 사고력은 가설 설정 후, 다양한 정보를 확률적으로 검증하고 그 결과를 토대로 확률이 높은 것으로 결정해 나가는 사고 과정이다. 확률적 사고를 활용한다면 불확실성이 큰 상황에서 모르는 부분과 모르는 가운데도 아는 부분으로 상황을 정리해 생각할 수 있고, 이는 곧 의사결정의 불확실성을 줄여주어 선택을 할 때 후회와 불안을 줄이는 효과를 볼 수 있다.

확률적 사고는 기본적으로 베이즈 정리를 기반으로 한다. 조건부 확률이라고도 잘 알려져 있는 베이즈 정리는 두 확률 변수의 사전 확률과 사후 확률 사이의 관계를 나타내는 정리이다. 베이즈 정리에 의하면 조건에 따른 확률이 나타날 때마다 가설에 대한 확신이 높아진다.

확률적 사고의 절차는 심층적 데이터 분석에 기반해 진행된다. 먼저 수집된 데이터를 탐구적으로 분석하는 과정을 거친다. 이후 분석한 결과를 바탕으로 이상을 탐지한다. 이상에 대한 파악이 끝난 뒤 다양한 예측 기법을 통해 예측을 실시한다. 마지막으로 최선의 상황을 유도하기 위한 최적화 조치를 결론 내어 통찰력을 제공한다. 이러한 절차를 따라 확률적 사고를 진행하면 미래 예측은 물론 최적화된 선택이 가능해진다. 확률적 사고는 리더가 심층적인 데이터 분석에 기반해 미래 예측에 대한 통찰력을 얻을 수 있도록 해 준다. 프룻 오브 더 룸, 이마트와 같은 쇼핑몰 업계에서도 확률적 사고를 통한 날씨 예측을 통해 높은 수익을 기록한 사례가 존재한다.

알고리즘 사고력을 체득했을 때 우리는 정원사형 리더 및 리좀형 리더로서 성장이 가능하다. 정원사형 리더는 인재를 키워내 적재적소에 쓰며 명확한 비전을 제시할 수 있는 리더로, 직원 및 팀원을 지시의 대상이 아닌 스스로 생각하고 성장할 수 있는 존재로 바라본다. 그렇기 때문에 이들을 주도해서 이끄는 것이 아니라 이들을 가이드하고 서포트하는 역할로서 리더십을 발휘한다. 정원사형 리더에게 가장 요구되는 역할은 직원들에게 선택권을 가능한 많이 보장하는 것이다. 그들이 하는 대부분의 업무를 일일이 감시하는 것이 아니라 우리 조직이 나아가고자 하는 방향에 대한 궁극적인 목적과 이를 위해 어떠한 업무를 진행하고 있고 이 업무가 왜 필요한지 명확하게 이해시키고 공유하는 것이 중요하다. 리좀형 리더는 뿌리 줄기가 부단히 증식하며 끊임없이 연결성을 확장하는 리좀처럼 연결자의 역할을 수행하는 리더이다. 굉장히 수평적이고 확장적인 면을 보이는 리더로, 매우 유연한 조직 이미지를 가져오기 쉽다.

다음은 디지털 아키텍트의 역량이다. 디지털 아키텍트는 고객의 요구 사항을 이해하고 디지털 플랫폼을 제공하며, 디지털 공간에서 고품질 코드 및 확장 가능한 솔루션의 설계·구현을 지시하는 사람으로, 디지털 플랫폼을 설계 및 구현할 때 전략적 접근 및 실무를 수행하는 역할을 하는 전문가를 일컫는다. 이들은 디지털 트랜스포메이션의 비즈니스 요소와 기술 요소 전반을 기획하는 설계자이기 때문에 비즈니스의 흐름과 변화를 파악해 이를 새로운 디지털 기술과 융합할 수 있는 역량이 필요하다. 또한 프로젝트 전반적으로 아키텍처 목표를 관리하고, 표준화된 프로세스에 따라 아키텍처적 의사결정을 수행하면서 각 영역별로 아키텍처 모델을 관리하는 역할을 실시해야 한다.

디지털 아키텍트의 역량은 크게 8가지로 구분할 수 있다. 4가지는 비즈니스 역량 그리고 나머지 4가지는 기술 역량으로 구분된다. 비즈니스 역량에는 IT 요구 사항 분석, 전략적 사고와 실행력, 갈등 해결 및 의사소통 리더십 및 성과 관리가 있으며 기술 역량에는 IT 기술 지식, IT 프레임워크 설계, 기술 표준 준수, 기술 평가가 있다.

디지털 아키텍트로서 성장한다면 요구 분석, 기술 구현, 멘토링, 기술 자산 이해, 설계, 고객 설득, 협력, 공유의 8가지 역할을 수행할 수 있게 된다.

알고리즘 사고력과 디지털 아키텍트의 역량을 모두 체득한다면 비즈니스 아키텍처와 IT 아키텍처에 대해 이해하고 설계할 수 있으며, LKK 모델을 효율적으로 활용할 수 있는 융합형 리더가 될 수 있다.

이렇게 융합형 리더로 거듭나기 위해 걸어 온 여정을 다시 한번 간략히 되짚어 보았다. 본 책에서는 융합형 리더의 필요성과 그와 관련된 개념들을 위주로 다루었다. 필자가 제시한 융합형 리더의 내용을 어느 정도 이해했다면 추후 출간될 『융합형 아키텍트(Convergence Architect)』까지 읽어 볼 것을 추천한다. 융합형 아키텍트는 본 책의 심화 편으로, 더욱더 다양하고 많은 사례들과 함께 조금 더 심화된 개념들에 대해 다룰 예정이다.

새로운 시대의 도래와 함께, T자형 또는 π자형 인재를 요구하는 시대는 지났다. 이제 새로운 시대는 ∀자형 인재를 필요로 한다. 즉, 비즈니스와 기술을 모두 아우를 수 있는 리더로 거듭나야 한다. 융합형 인재로 변하게 되면 긍정적인 시너지 효과가 함께 일하는 사람 또는 조직으로 확장되고, 궁극적으로는 자신을 둘러싼 세계로 확대

될 것이다.

이제 우리는 디지털 트랜스포메이션의 중심, ∀자형 인재인 융합형 리더가 되어야 한다.

# [참고문헌]


고희숙(2019), "디지털 탈바꿈의 파일롯, 아키텍트에게 필요한 역량", 투이컨설팅.

김도형(2020), Starbucks Mobile.

김영대(2020), "디지털 기술, 무작정 도입만 하면 끝? 변화 흐름 읽고 역량 키워줘야 진짜 리더", 동아비즈니스리뷰(DBR).

김윤진(2020), "DBR mini box : Interview 진호 롯데홈쇼핑 DT 부문장", 동아비즈니스리뷰(DBR).

김종훈 · 정욱아(2020), "RPA는 경쟁자 아닌 파트너 '내 편'이라는 긍정적 마인드 확산이 관건", 동아비즈니스리뷰(DBR).

김진호 · 최용주(2017), "'고객 취향'이라는 진주 찾아 리더들, 빅데이터 속으로 '풍덩'", 동아비즈니스리뷰(DBR).

니시우치 히로무(2013), 『확률을 높이는 확률』, 신현호 역, 비전코리아.

동빈나(2017), "영화를 통해 살펴보는 컴퓨팅 사고력(영화 '네이든' 카드 문제 증명)", YouTube.

두산백과(1982), "조건부확률", 두산.

맹하경(2020), "'기온이 장사 망친다?'……홈쇼핑과 마트가 '날씨분석'에 빠진 이유", 한국일보.

박부성 · 정경훈 · 이한진 · 이종규 · 이철희(2020), 『365 수학』, 사이언스북스.

배미정(2021), "제조기업과 데이터 기업의 '애자일 협업' 유연한 소통, 지식 내재화로 데이터 혁신에 성큼", 동아비즈니스리뷰(DBR).

심은정(2008), "위기 땐 '정원사형' 리더가 필요하다", 문화일보.

유영진(2013), "스마트셔츠가 마사지해주는 시대 경험컴퓨팅으로 리더가 되자", 동아비즈니스리뷰(DBR).

이유미(2017), "타깃은 고객의 임신사실을 어떻게 알았을까", 이데일리.

이재선 · 박자현 · 이승철(2019), 4차 산업혁명 시대 이끌 해양수산 스마트화 본격 시동, 해양수산부.

이지영(2018), 『BTS 예술혁명』, 파레시아.

정두희(2021), "유기적 협력-리더십-인재 양성이 혁신의 선순환으로", 동아비즈니스리뷰(DBR).

정일만(2017), "비즈니스 아키텍처 : 비즈니스 전략에서 마이크로 서비스까지", 한국소프트웨어기술진흥협회.

조병욱(2017), 『대용량 아키텍처와 성능 튜닝』, 프리렉.

Abbie Lundberg, George Westerman(2020), "트랜스포머 CLO", HBR.

Alexander Osterwalder(2012), "Netflix Business Model," John Wileys and Sons.

Amit S. Mukherjee(2021), "디지털 주도권을 위한 리더의 5가지 과제", 동아비즈니스리뷰(DBR).

Anuupadhyay(2021), System Design Netflix—A Complete Architecture, GeeksforGeeks.

Barney J.(1991), "Firm resources and sustained competitive advantage", *Journal of Management*.

Bill Briggs(2018), 12 degrees of transformation : Fruit of the Loom spots winter's actual arrival-in the data, Microsoft.

Career Insights(2018), Who is a Digital Solutions Architect?, YouTube.

Catherine Clifford, Zameena Mejia(2018), Why Elon Musk wants his employees to use an ancient mental strategy called 'first principles', Make IT.

Clint Boulton(2020), "여전히 쉽지 않다… 기업 6곳의 현실적인 디지털 혁신 성공담", CIO Korea.

Damien Karras(2008), "함수의 정의역, 공역, 치역," Wikipedia.

Darrell K. Rigby(2014), "디지털과 현실의 매시업(mashups)", HBR.

David Chou(2021), "CEO에게 DT 프로젝트를 설득하는 요령 4가지," CIO Korea.

David J. Teece(2010), "Business Models, Business Strategy and Innovation," Long Range Planning.

Esther Shein(2017), "'디지털 혁신의 비결 있다'… 성공하는 기업의 7가지 습관", CIO Korea.

Gary Fox(2020), Netflix Business Model.

Gerald C. Kane, Anh Nguyen Phillips, Jonathan Copulsky, and Garth Andrus(2019), How Digital Leadership Is(n't) Different, MIT Sloan Management Review.

Gilles Deleuze, Félix Guattari(1987), *A Thousand Plateaus*, University of Minnesota Press.

Harry Robinson(2020), How companies must transform for success in the next normal, McKinsey & Company.

Harvard press(2011), Rebuilding your business model, HBR press.

Innomind(2013), The First Principles Method Explained by Elon Musk, YouTube.

Jason Bloomberg(2018), Digitization, Digitalization, And Digital Transformation : Confuse Them At Your Peril, www.forbes.com.

Jean Ross(2006), Enterprise architecture as strategy, HBR press.

Jeannette Wing(2007), "Computational Thinking", Communications of the ACM.

Joel Levy(2013), *A Curious History of Mathematics*, Andre Deutsch.

John Edwards(2019), "IT리더가 직면하는 예상 밖 리더십 문제 7가지," CIO Korea.

Lee Rainie, Janna Anderson(2017), Algorithms will continue to spread everywhere, Pew Research Center.

Maggie Johnson(2016), Computational Thinking, Google.

Mike Walsh(2019), *The Algorithmic Leader*, PageTwoStrategiesInc.

Nate Silver(2012), *The Signal & Noise*, Penguin Books.

Paul Heltzel(2019), "IT 리더십 요건이 변화한다 '뜨는 6가지 · 지는 6가지'', CIO Korea.

Penrose E.(1959), *The Theory of the Growth of the Firm*, Basil Blackwell, Oxford.

Prahalad C. K. and Hamel G.,(1990), "The Core Competence of the

Corporation," *Harvard Business Review*.

Sarah K. White(2018), "'세계 50대 기업 80%가 사용'…TOGAF 관리 방법론을 아시나요?," CIO Korea.

Tony Saldanha(2019), *Why Digital Transformation Fail*, Dreamscape Media.

Wernerfelt B.,(1984), "A resource-based view of the firm," *Strategic Management Journal*.

WFMC(2012), Business and dynamic change, LightHouse Point.

William Ulrich, Neal McWhorter(2011), *Business architecture*, Meghan Kiffer Press.

나이키(https://www.nike.com/)

롸버트치킨 공식 인스타그램(https://www.instagram.com/robertchicken/)

시드니 코리아타운(2019), "컴퓨팅 사고력의 4대 중요 요소"(https://m.blog.naver.com/tonyau7777777/221455440030)

해양수산부 홈페이지(https://www.mof.go.kr/article/view.do?articleKey=27859&boardKey=10&menuKey=376&currentPageNo=1)

Bain 공식 홈페이지(https://www.bain.com/ko/)

Farm8 홈페이지(http://www.farm8.co.kr/)

Holosuit 공식홈페이지(https://www.holosuit.com/)

LG CNS 공식 홈페이지(https://www.lgcns.co.kr/)

## 지은이에 대하여

### 이민우

[경력]

(현) 한양대학교 경영대학/HUBS 창업&커리어센터 책임교수

(현) 고용노동부 인적자원위원회(ISC) 전문위원

(현) (사)서울기업경제인협회 학술 · 교육위원장

(현) 프로젝트경영학회 학술분과위원

[주요 활동]

2017 ICT Innovation 미래창조과학부 장관상

2018 (사)서울기업경제인협회장상

2019 중소기업발전 사회공헌 서울특별시장상

2020 대한민국 기술혁신대전 중소벤처기업부 장관상

2020 마르퀴즈 후즈 후(Marquis Who's Who In The World) 등재

### 크루엘라

기업 안에서 Digital Transformation & DX 추진을 진행하는 'HRDer'

### 김용승

[경력]

(현) 한양대학교 교육공학 전공

(전) InnoFIT Partners 상품개발본부

[주요 활동]

2018 한국교육공학회/한국교육정보미디어학회 추계공동학술대회(App 부문)

2019 성동구 패션봉제거리 활성화 목적 게이미피케이션 프로젝트

2021 인천교통공사 Digital Transformation 과정 PM

2021 SK C&C Digital Architect 양성 과정 PM

# 융합형 리더

## —디지털 트랜스포메이션 시대, 차세대 리더

**초판 1쇄 인쇄** 2021년 11월 9일

**초판 1쇄 발행** 2021년 11월 16일

**지은이** 이민우 · 크루엘라 · 김용승

**펴낸이** 박기남

**기획 · 영업** 박정헌

**펴낸곳** **율곡출판사**

08590 서울시 금천구 가산디지털1로 84(에이스하이엔드 8차), 803호

**전화** (代) 02) 718-9872/3

**팩스** 02) 718-9874

**홈페이지** http://www.yulgokbooks.co.kr

**이메일** yulgokbook@naver.com

**등록** 1989.11.10. 제2014-000031호

**ISBN** 979-11-91812-06-0 03320

**정가 20,000원**